Henning Lobin

Sprachkampf

Wie die Neue Rechte die deutsche Sprache instrumentalisiert

Henning Lobin

Sprachkampf

Wie die Neue Rechte die deutsche Sprache instrumentalisiert

Dudenverlag
Berlin

INHALT

VORWORT

Vielleicht ist die Sprache das, was den Menschen selbst am deutlichsten erkennbar als ein gemeinsamer Besitz gehört. Weil die Sprache, die in einem Land oder einer Region verwendet wird, von allen, indem sie sprechen oder schreiben, immer wieder reproduziert und dabei nach und nach auch verändert wird, kann man sie als eine Manifestation gesellschaftlichen Handelns, ja der Gesellschaft überhaupt verstehen. Das mag die Heftigkeit erklären, mit der öffentliche Debatten zu sprachlichen Themen häufig geführt werden. Zugleich verweisen solche Debatten – »Sprachkämpfe« nenne ich sie in diesem Buch – immer auch über das Sprachliche hinaus auf strittige Fragen in Gesellschaft und Politik überhaupt.

Das jedenfalls ist mein Eindruck von den Debatten, die ich in den letzten Jahren miterlebt habe. Es ist oftmals geradezu mit den Händen zu greifen, dass es den Beteiligten nicht nur um die Sprache als solche geht, sondern um das, was mit ihr und durch sie ausgedrückt wird: Konstanz und Veränderung, Norm und Abweichung, Vergangenheit und Gegenwart, Zugehörigkeit, Rollen, Freiheit, Zwang, Identität. Dadurch ist in mir die Idee aufgekommen, dieses Wechselspiel bezüglich verschiedener Sprachkämpfe übergreifend zu beschreiben. Entstanden ist ein Buch, das weder ein Fachbuch ist noch ein reines Sachbuch, denn es besitzt auch essayistische Elemente, in die meine eigenen Auffassungen zu den dargestellten Themen eingeflossen sind.

Sprachkämpfe sind immer auch Kämpfe um mediale Dominanz. Neben diversen Meinungsmagazinen und Blogs im Internet und ihren Echoräumen in den sozialen Medien spielen auch überregionale Tageszeitungen eine erstaunlich kämpferische Rolle. Die berühmte journalistische Maxime, sich nicht mit einer Sache gemeinzumachen, noch nicht einmal mit einer guten, wird dabei oft genug durch notdürftig in Expertentum gehüllte Einseitigkeit vorzugsweise durch einige wenige Gastautoren ersetzt. Anstatt dass die Redaktionen Motive und Gründe für die Intensität mancher Sprachkämpfe durch eigene Recherchen aufdecken, wird ihr emotionales Potenzial offenbar als eine willkommene Gelegenheit zur Kundenbindung verstanden, was sich zuweilen in langen Strängen rein affirmativer Leserbriefe manifestiert. Dass dabei die Wiederholung des immer Gleichen seine Entsprechung findet im vom »Verein Deutsche Sprache« ausgeschriebenen Wettbewerb um den »fleißigsten Leserbriefschreiber«, scheint in manchen Redaktionen entweder nicht bekannt zu sein oder als nicht relevant für eine objektive Abbildung des Meinungsspektrums angesehen zu werden.

Das vorliegende Buch kann deshalb auch als ein Kommentar zur medialen Vermittlung strittiger sprachlicher Themen gelesen werden – und wie diese in der Rezeption eine immer stärkere politische Aufladung erfahren. Es ist zu befürchten, dass dieser Prozess noch nicht an sein Ende gekommen ist. Aber es ist zu hoffen, dass der vor allem durch die Neue Rechte geschürte Sprachkampf endlich als das wahrgenommen wird, was er ist: der eigentliche Angriff auf die deutsche Sprache.

Henning Lobin, im Januar 2021

1 »EIN WORT – … EIN FLAMMENWURF«

Ein Wort, ein Satz –: aus Chiffren steigen
erkanntes Leben, jäher Sinn,
die Sonne steht, die Sphären schweigen
und alles ballt sich zu ihm hin.

Ein Wort – ein Glanz, ein Flug, ein Feuer,
ein Flammenwurf, ein Sternenstrich –
und wieder Dunkel, ungeheuer,
im leeren Raum um Welt und Ich.

Gottfried Benn (1941)

Manchmal genügt ein Wort, um eine Karriere zu beenden. Das Wort »Hetzjagd« war so eines. Im November 2018 veranlasste es den Bundespräsidenten dazu, den damaligen Chef des Bundesamtes für Verfassungsschutz, Hans-Georg Maaßen, in den einstweiligen Ruhestand zu versetzen. Vergleichbares ist immer wieder passiert in der politischen Geschichte Deutschlands. Herta Däubler-Gmelin etwa konnte nach der Bundestagswahl 2002 für die SPD nicht mehr Bundesjustizministerin bleiben, nachdem bekannt geworden war, dass sie im Wahlkampf den damaligen US-Präsidenten George W. Bush mit »Adolf Nazi« verglichen hatte. In einem ganz anderen Bereich des politischen Spektrums traf es im Frühjahr 2018 den AfD-Landesvorsitzenden von Sachsen-Anhalt, André Poggenburg, der bei einer Kundgebung im Rahmen des politischen Aschermittwochs in Deutschland lebende Türken »Kameltreiber« genannt und sie der »Vielweiberei« geziehen hatte.

Das Interessante an der Demission von Hans-Georg Maaßen war jedoch nicht der Vorgang an sich, sondern warum diese schließlich vollzogen wurde. Maaßen hatte das Wort »Hetzjagd« nämlich gar nicht benutzt. Es war in der Bewertung von Ausschreitungen am Rande tagelanger rechtsgerichteter Demonstrationen in Chemnitz aufgekommen und in der politischen Bewertung immer wieder aufgegriffen worden. Auch Bundeskanzlerin Angela Merkel verwendete es in einer Stellungnahme. Die Bezeichnung stützte sich auf eine kurze Videosequenz, die bei einer der Demonstrationen aufgenommen worden war. Sie zeigte, wie mehrere Männer auf zwei Asylbewerber aus Afghanistan zulaufen, um sie offenkundig einzufangen, woraufhin diese flüchten. Maaßen wandte sich gegen die Bezeichnung dieser Handlungssequenz als »Hetzjagd«, indem er auf die äußeren Umstände dessen, was eine Hetzjagd üblicherweise ausmache, hinwies. Diese sah er hier als nicht gegeben an. Seine Auslegung wurde als eine Verharmlosung der Ereignisse verstanden, wodurch nach einigen Tagen ein so großer politischer und öffentlicher Druck entstand, dass eine Abberufung unumgänglich wurde. Dass Maaßen zunächst von Bundesinnenminister Seehofer, seinem Dienstherrn, als Ersatz den Posten eines Staatssekretärs in dessen Ministerium angeboten worden war, bildet nur ein kurioses Detail dieser Geschichte.

Der Verfassungsschutzpräsident hatte sich auf eine Auseinandersetzung um die Semantik eines Wortes eingelassen, eine Auseinandersetzung, die er nicht gewinnen konnte. Wörter, die in einer politischen Kontroverse verwendet werden, stellen

Deutungen her und sollen damit in eine Entscheidungsfindung einfließen. Die Frage, ob eine solche Deutung auch gerechtfertigt ist, beinhaltet eine politische Positionierung. Wenn sich ein Spitzenbeamter in einen Nahkampf zur Semantik eines in einer brisanten politischen Debatte verwendeten Wortes begibt, dann wird er selbst zu einem politischen Akteur. Eine solche Rolle darf der Leiter einer nachgeordneten Bundesbehörde, gerade wenn es sich um den Nachrichtendienst eines demokratischen Staates handelt, nicht spielen.

Sprache und Politik

Die Aufladung von Wörtern in der politischen Auseinandersetzung ist seit längerer Zeit einer der Gegenstände, mit denen sich die Sprachwissenschaft befasst.[1] Das als Politolinguistik bezeichnete Teilgebiet fragt nach der Rolle von Sprache in der Politik, von einzelnen Politikerinnen oder Politikern oder vom Sprechen über Politik. Besonders gut kann man dies an der Verwendung von Wörtern und Phrasen festmachen, die als Fahnenwörter (etwa »Energiewende« oder »Lebensleistungsrente«), überparteiliche Hochwertwörter (»parlamentarische Demokratie«, »gesellschaftlicher Zusammenhalt«) oder kämpferische Schlagwörter (»Masseneinwanderung«) in Kontroversen gezielt eingesetzt werden. Selbst Wörter wie die in der Coronakrise sprichwörtlich gewordene »Öffnungsdiskussionsorgie« – ein Wort, das Angela Merkel möglicherweise eher aus dem Moment heraus gebildet hatte – können sich zum Zentrum politischer Debatten entwickeln, wenn in ihnen grundsätzliche Positionierungen besonders deutlich hervortreten.

Die Auffassung, dass Sprache ein zentrales Instrument der Politik ist, hat bereits eine lange Tradition – sowohl in der praktischen politischen Tätigkeit als auch in der Sprachwissenschaft.

Die Sprache des Nationalsozialismus wurde nach dem Ende des Zweiten Weltkriegs ein Gegenstand intensiver Forschung, und heute befassen sich Politikwissenschaftlerinnen wie Astrid Seville mit dem »Sound der Macht« oder aus linguistischer Sicht Thomas Niehr und Jana Reissen-Kosch mit der Sprache des Rechtspopulismus. Selbst Robert Habeck hat sich als aktiver Politiker in einem Buch mit dem Thema befasst und kommt darin zu dem Schluss: »In der Politik ist Sprache kein politisches Instrument neben anderen. Es gibt faktisch keine Politik vor und jenseits der Sprache.«[2]

Der Rechtschreibrat tagt

Neben der Sprache der und in der Politik ist aber auch Sprache selbst ein Gegenstand der Politik, die sogenannte »Sprachpolitik«. Sprachpolitik war nicht sonderlich präsent in der politischen Debatte der Bundesrepublik Deutschland in jüngerer Zeit, und auch nicht in Österreich. In offiziell mehrsprachigen Ländern jedoch wurden zum Teil erbitterte Auseinandersetzungen ausgefochten im Zusammenhang mit Sprachgesetzen. Geht es um mehrere Sprachen in ihrem Verhältnis zueinander, wird dies als »Sprachenpolitik« bezeichnet. Autonomiebestrebungen wie in Südtirol verdichten sich in Auseinandersetzungen zur Sprachenpolitik, und selbst im Rahmen der Europäischen Union mit ihren verbrieften Autonomierechten brechen diese immer wieder wie zuletzt in Katalonien hervor.

Aber auch in Deutschland haben sprachpolitische Themen wieder Konjunktur, und dieses Buch befasst sich mit den politischen und gesellschaftlichen Kämpfen, die um diese Themen herum ausgefochten wurden und werden. Viele dieser Kämpfe flackern immer wieder auf und finden dabei ihren Weg in die Öffentlichkeit, andere schwelen schon so lange vor sich hin, dass der Hundertjährige Krieg vergleichsweise kurz dagegen erscheint.

Eine dieser Sprachschlachten, die sich gleich mit zwei Kampfthemen verbindet, konnte ich als Direktor des Leibniz-Instituts für Deutsche Sprache in vorderster Linie miterleben – und dies hat mich um eine verstörende Erfahrung reicher gemacht. Es war im Herbst 2018, als sich der Rat für deutsche Rechtschreibung zu seiner zweiten turnusmäßigen Sitzung in jenem Jahr in Passau zusammenfand. Die Geschäftsstelle des Rats ist an meinem Institut angesiedelt, und ich selbst bin Mitglied der deutschen Delegation in diesem Gremium. Die insgesamt 40 Mitglieder werden aus den sieben Ländern und Regionen entsandt, in denen Deutsch als Amtssprache fungiert: Deutschland, Österreich, Schweiz, Belgien, Luxemburg, Liechtenstein und die autonome Region Bozen-Südtirol in Italien. Der Rechtschreibrat hat die Aufgabe, das tatsächliche Rechtschreibverhalten im deutschsprachigen Raum zu verfolgen und gegebenenfalls das Regelwerk und das Wörterverzeichnis dem tatsächlichen Schreibgebrauch vorsichtig anzupassen.

Auf der Tagesordnung stand ein Thema, zu dem von der Berliner Senatskanzlei um eine Entscheidung gebeten worden war: der Genderstern. Genau genommen drehte es sich um die Frage, ob der Gebrauch des Gendersterns einen Rechtschreibfehler darstellt und, falls ja, ob der Stern dann nicht als ein Wortzeichen im amtlichen Regelwerk berücksichtigt werden soll. Der am weitesten gehende Beschlussvorschlag bestand nun darin, den Genderstern in bestimmten Bereichen lediglich zu tolerieren, ihn also keineswegs als eine Schreibmöglichkeit in das Regelwerk aufzunehmen. Nach einer intensiven Diskussion, in der es auch um die seinerzeit noch sehr geringe Verbreitung dieser Schreibweise in einigen der im Rat vertretenen

Länder ging, wurde der Beschluss gefasst, das Thema um einige Jahre zu vertagen, bis ein stabileres Gebrauchsmuster zu erkennen ist – oder eben nicht. Wegen des großen Interesses der Öffentlichkeit an diesem Thema wurde dies nach Ende der Sitzung auf einer Pressekonferenz mitgeteilt.

Man könnte meinen, dass die Nachricht einer unbestimmten Vertagung des Themas Genderstern keine besonders heftigen Reaktionen hervorrufen würde. In der Vermittlung durch die Medien war dies auch so, und viele hielten die Zurückhaltung des Rats wegen der noch sehr eingeschränkten Datenlage für eine sinnvolle Herangehensweise an dieses heikle Thema. So dachte ich auch – bis ein Brief bei mir einging, mit dem meine Verstörung begann. Der Brief bezog sich auf meine Bemerkungen bei der besagten Pressekonferenz. Sein Autor, mit vollem Namen und Adresse unterzeichnend, äußert in einer wüsten Fäkalsprache Beleidigungen, spricht von meinem »sinnentleerten Dasein«, das ihm »das Messer in der Tasche aufgehen« lasse und dass als Letzte die Nationalsozialisten in dieser Weise an der Sprache »herumdoktern« wollten.

Weitere Briefe gingen ein, oft Verlautbarungen der eigenen Meinung ohne Bezug zu dem, was wir als Anlass zu dieser Reaktion offenbar geboten hatten, zuweilen mit kaum verhüllten Drohungen versetzt und in manchen Fällen vollständig am Thema vorbeiführend. »Da Sie unsere Sprache und damit unser Gemeinwesen zerstören wollen, müssen wir Ihnen den Kampf ansagen«, hieß es in einem anderen Schreiben. Es sind nicht sehr viele derartige Briefe und Mails, die bei mir und anderen, die für den Rechtschreibrat in die Öffentlichkeit treten, eingegangen sind, weitaus weniger als das, was man von manchen Personen des öffentlichen Lebens hört. Eher muss man derartige Posteingänge wohl als einen unvermeidlichen Nebeneffekt dafür ansehen, dass sich ein Forschungsinstitut zur deutschen

Sprache ganz unvermeidlich gelegentlich auch in sprachpolitischer Hinsicht zu positionieren hat.

Weiteres findet sich in den Kommentarbereichen zu Zeitungsartikeln, sofern diese nicht vor lauter Beleidigungen und Beschimpfungen blockiert wurden, in den Kommentarbereichen zu Blogbeiträgen oder in »Rezensionen« zu Büchern auf Amazon. Auch wenn all die hinter diesen Medienangeboten stehenden Unternehmen dazu verpflichtet sind, das Netzwerkdurchsetzungsgesetz umzusetzen und eindeutig rechtswidrige Inhalte zu löschen, vermitteln die verbleibenden Schmähungen immer noch einen Eindruck von der Vehemenz der ausgetragenen Kämpfe.[3]

Warum Sprachkämpfe interessant sind

Ich möchte in diesem Buch einige aktuelle Sprachkämpfe betrachten – wer die Truppen sind, die hier aufeinandertreffen, wie die Frontlinien verlaufen und zu welchen Kampfhandlungen es bislang gekommen ist. Auch die Frage, warum solche Sprachkämpfe überhaupt ausgetragen werden und in welcher Beziehung sie zu übergeordneten politischen Zielen stehen, will ich ansprechen. Im zentralen Teil des Buchs werde ich die geschlechtergerechte Sprache als Beispiel heranziehen, weil sich daran gerade in letzter Zeit ein besonders heftiger und zugleich exemplarischer Kampf entzündet hat.

Dass die deutsche Sprache wieder zu einem Gegenstand der Politik geworden ist, kann zweierlei bedeuten: Entweder hat sich die Auffassung von Sprache als Teil unserer Kultur und unserer Gesellschaft geändert oder Kultur und Gesellschaft haben sich geändert und der bisher zu verzeichnende Konsens über das, was das Deutsche darin ausmacht, löst sich auf. Auf jeden Fall beinhaltet die politische Thematisierung von Sprache auch die Vermittlung einer Auffassung davon, was Sprache ist oder sein sollte, wie sie sich wandelt oder zu schützen ist, wie sie gebraucht wird oder gebraucht werden sollte. Aus sprachwissenschaftlicher Perspektive betrachtet handelt es sich dabei um »laienlinguistische« Grundüberzeugungen, die selten als solche thematisiert werden, meistens nur indirekt zutage treten und in einer sprachpolitischen Kontroverse durchaus wirkmächtig sind.[4] Wenn es um Sprachkämpfe geht, dann dürfen diese also nicht nur als solche betrachtet werden, sondern es ist wichtig, zu erkennen, von welchem Terrain sie ausgehen und welchen Grundüberzeugungen Geltung verschafft werden soll. Dass sich hier gerade in den letzten Jahren eine deutliche, vielleicht wachsende Kluft zu dem von der Sprachwissenschaft gezeichneten Bild von Sprache auftut, mag ein Grund dafür sein, warum sich die Sprachwissenschaft so schwer damit tut, klare Positionen in diesen Kämpfen zu beziehen.

Ein anderer Grund besteht aber auch darin, dass in der Sprachwissenschaft die Positionen, um die es in den Sprachkämpfen geht, selbst kontrovers diskutiert werden. Es gibt weder bezüglich der Rechtschreibreform noch zur geschlechtergerechten Sprache oder zur Frage, ob Deutsch ins Grundgesetz aufgenommen werden sollte, eine »einheitliche« Position – dies ist wohl auch gerade in der Wissenschaft kaum zu erwarten. Für jedes der in diesem Buch erwähnten Themen, zu denen Sprachkämpfe ausgetragen werden, gibt es wissenschaftliche Positionen pro und contra, und Kontroversen dazu werden in der Wissenschaft auch ausgetragen. Zuweilen gelangen diese bis in die Öffentlichkeit, wie es bei der Debatte um die Rechtschreibreform geschehen ist. Oftmals bleiben sie aber für Außenstehende eher unsichtbar – so ist es etwa bei der geschlechtergerechten Sprache.

Das vorliegende Buch hat keineswegs zum Ziel, diese *wis-*

senschaftlichen Kontroversen nachzuzeichnen. Vielmehr wird es um die *öffentlichen* Auseinandersetzungen zu verschiedenen sprachlichen Themen gehen und welchen Bezug diese zu allgemeinpolitischen Zielen und Interessen aufweisen. Die wissenschaftsinternen Auseinandersetzungen können, müssen aber nicht mit allgemeinpolitischen Auffassungen in Verbindung stehen. Manchen Wissenschaftlerinnen und Wissenschaftlern gelingt es, Derartiges vollständig voneinander zu trennen, andere werden, ohne es recht zu bemerken, vor den Karren übergeordneter politischer Interessen gespannt und wieder andere verbinden ihre wissenschaftlichen Auffassungen ganz bewusst mit einem allgemeinpolitischen Anliegen. In den Sprachkämpfen selbst spielen die Argumente und Positionen aus der Wissenschaft jedoch zumeist nur eine untergeordnete Rolle.

Was Sie in diesem Buch erwartet

Im vorliegenden Buch wird es zunächst um verschiedene Sprachschlachten gehen, die in den letzten Jahren ausgefochten wurden. Einige davon wie der Kampf gegen Fremdwörter oder die Rechtschreibreform besitzen bereits eine längere Geschichte, andere sind erst in jüngerer Zeit hinzugekommen. Einer davon, nämlich der, der auf dem Schlachtfeld der geschlechtergerechten Sprache ausgetragen wird, soll in einem eigenen Kapitel ausführlicher betrachtet werden. Dabei geht es weniger um die linguistische Bewertung der verschiedenen darin enthaltenen sprachlichen Fragen, als vielmehr um den öffentlichen Diskurs, der sich mit dem Thema verbindet. Dieser hat sich mittlerweile weit in die allgemeine Öffentlichkeit hinein entwickelt und eine enorme Präsenz gewonnen, sodass damit die Dynamik eines Sprachkampfs sehr gut in exemplarischer Weise dargestellt werden kann.

Das vierte Kapitel stellt den wohl stärksten Kampfverband bei dieser und anderen Sprachschlachten vor, den »Verein Deutsche Sprache« (VDS). Dem VDS ist es gelungen, über mittlerweile 25 Jahre hinweg die öffentliche Diskussion stark zu beeinflussen. Dabei hat er durch seine Diktion und seine Aktionen im Sprachkampf einen Stil etabliert, der deutliche Polarisierungen hervorruft und sich somit mehr und mehr als eine brauchbare Waffe für allgemeinpolitische Auseinandersetzungen erwiesen hat. Dieser Stil ist es, den die AfD seit ihrem Einzug in fast alle Landtage und in den Deutschen Bundestag parlamentarisch aufgreift und mit ihren politischen Zielsetzungen verbindet. Sie ist die einzige im Bundestag vertretene Partei, deren Programm sprachpolitische Positionen in größerer Zahl enthält. Überall, wo sie in Parlamenten vertreten ist, äußert sie sich zu sprachlichen Themen und bringt Gesetzesinitiativen zu ihren sprachpolitischen Anliegen ein.

Warum das so ist, soll in Kapitel 6 beleuchtet werden. Der für die AfD kulturpolitisch zentrale Begriff ist der der Identität. Das Konzept einer kulturellen Identität tritt bei dieser Partei an die Stelle dessen, was in der Vergangenheit noch Nation oder Volk hieß, und identitäre Sprachpolitik wird bei ihr zu einem zentralen Mittel einer nationalidentitären Politikagenda. Die AfD hat verstanden, dass sie mit dem Thema Sprache das gemäßigte Bürgertum gewinnen kann, indem sie ihre Agenda durch Sprachpolitik wie mit einem trojanischen Pferd weit in die Gesellschaft hineinführt. Damit ist wohl erstmals in der Geschichte der Bundesrepublik Deutschland das Parlament zu einem sprachpolitischen Aufmarschgebiet geworden.

Die Sprachkämpfe werden nun ausgefochten, und welche Ansätze es gibt, mit so aufgeladenen Themen wie dem der geschlechtergerechten Sprache, »Deutsch ins Grundgesetz«, Deutsch in der EU oder »politischer Korrektheit« überhaupt sachlich umzugehen, soll im 7. Kapitel erörtert werden. Das Buch endet mit Gedanken zu der Frage, wie wir das Thema Sprache in der Öffentlichkeit handhaben sollten, wie die politische Vereinnahmung der Sprache verhindert werden kann und welche Rolle die Internationalität der deutschen Sprache und die Germanistik dabei spielen. Schließlich gilt es auch, dem Erstarken einer Verschwörungstheorie Einhalt zu gebieten, dass nämlich eine »kleine Gruppe« von »Ideologen« oder »Sprachterroristen« der Mehrheit ihre Meinung aufzwingen wolle, und zwar eine Gruppe, zu deren Abwehr nahezu alle Mittel recht sind.

Wenn Sie als Leserin oder als Leser nach der Lektüre dieses Buchs nachvollziehen können, warum das öffentliche Reden über Sprache fast nie einfach nur ein Reden über Sprache ist, sondern Sprache dabei als ein Vehikel für grundlegende gesellschaftliche und politische Interessen fungiert, dann ist für mich das Anliegen, das ich mit diesem Buch verbinde, erreicht.

2 SPRACHSCHLACHTEN

Sprachschlachten gibt es viele, und einige haben bereits eine beträchtliche Dauer. Die »Mutter aller Sprachschlachten« ist der Kampf gegen Fremdwörter. Für die deutsche Sprache wurde er bereits im frühen 17. Jahrhundert aufgenommen, und zwar durch Sprachgesellschaften, deren größte und bedeutendste die »Fruchtbringende Gesellschaft« wurde.[5] Grundlos geschah dies nicht, denn in der Entwicklung des Neuhochdeutschen waren im 16. und 17. Jahrhundert unter humanistischem Einfluss viele lateinische Wörter ins Deutsche aufgenommen worden. Die Tischreden Luthers sind zum Teil durchsetzt mit einzelnen lateinischen Ausdrücken und sogar ganzen Phrasen und Teilsätzen. Auch das Französische hatte erheblichen Einfluss auf das Deutsche, beispielsweise im militärischen Bereich oder mit dem »Alamodestil« (*à la mode*) aufgrund der zunehmenden Orientierung an der französischen Adelskultur.

Schon in jener Zeit wurde der Kampf gegen die Eindringlinge mit allen Mitteln geführt: Neben die gelungenen und weniger gelungenen Eindeutschungen traten satirische Gedichte, Stücke und Streitschriften, in denen immer wieder auch die »welschen« Sitten als solche angegriffen wurden. So wichtig viele der Eindeutschungen für den Ausbau der deutschen Sprache waren, so deutlich ist darin auch zu erkennen, dass es dabei meistens auch um die Abgrenzung des Eigenen von den Nachbarn ging, um die Abneigung gegenüber den anderen und die Ablehnung ihrer Lebensart – und das lange bevor es eine eigene deutsche Nation als Staatsgebilde überhaupt gab.

Der Kampf gegen Fremdwörter

Nachdem 1871 das deutsche Kaiserreich als der erste deutsche Nationalstaat gegründet und die Grenzen des Landes gezogen waren, machten sich die Beschützer der deutschen Sprache daran, das deutsche Staatsgebiet auch sprachlich zu markieren. Mit dem Allgemeinen deutschen Sprachverein (ADSV) wurde 1885 die schlagkräftigste Schlachtformation im Kampf gegen Fremdwörter aufgestellt.[6] Von eher erfolglosen Ersetzungsversuchen wie »Kleinling« für »Baby« oder »Rauchrolle« für »Zigarre« abgesehen, war der Verein in vielen anderen Fällen höchst erfolgreich, etwa im Bereich des Postwesens (z. B. »Absender«, »Umschlag« oder »postlagernd«) oder des Bahnverkehrs (z. B. »Abteil«, »Bahnsteig« oder »Fahrkarte«). Nach frühen Erfolgen dieser Art nahmen sich die nach Zehntausenden zählenden Mitglieder des Vereins einen Gegenstandsbereich nach dem anderen vor und kooperierten dabei auch mit Ministerien, Behörden und großen Unternehmen.

Die akademische Germanistik verfolgte das Treiben des Vereins größtenteils mit Argwohn. Es herrschte gemäß dem Diktum von Jacob und Wilhelm Grimm die Auffassung, dass sich die Sprache frei entwickeln solle und keine womöglich am Vorbild der *Académie française* orientierte Sprachpflege zu betreiben sei. Es gab allerdings auch Ausnahmen: Mit dem berühmten Gießener Sprachhistoriker Otto Behaghel schmückte man sich im Gesamtvorstand des ADSV, ab 1933 waren dort der ebenfalls in Gießen lehrende Alfred Götze, NSDAP- und SS-Mitglied, und der später im Nachkriegsdeutschland führende

Sprachwissenschaftler Leo Weisgerber aktiv. Nach 1945 konnte der Sprachverein als Gesellschaft für deutsche Sprache auferstehen – heute eine seriöse Vereinigung, die sogar einige halbstaatliche Aufgaben wahrnimmt. Der Sprachpurismus ist damit jedoch keineswegs zu einem Ende gelangt, er hat vielmehr einen neuen Ausdruck und ein neues Ziel gefunden.

Der Kampf gegen Fremdwörter ist ein Kampf, in dem es eigentlich keinen richtigen Gegner gibt. Vereine, die das Ziel haben, den Fremdwortgebrauch entschlossen zu fördern, wurden nie gegründet. Stattdessen wird gegen einen bestimmten Sprachgebrauch zu Felde gezogen, den man an einzelnen Personen, Personengruppen oder Institutionen festmachen kann. Diese schon vom ADSV praktizierte Herangehensweise erfährt seit 1997 eine Neuauflage im Verein Deutsche Sprache (VDS), der seinen Anfang in der Kritik am Gebrauch von Anglizismen in Medien und Öffentlichkeit genommen hat. Mit einem »Anglizismenindex« und der Vergabe von Schmähpreisen versucht der VDS heute in ähnlicher Weise wie seinerzeit der ADSV gegen die Verbreitung von Fremdwörtern vorzugehen.

»Deutsch ins Grundgesetz!«

Anders als der ADSV, der es in den 60 Jahren seines Bestehens nicht fertiggebracht hat, sich von dem einen Thema der Fremdwortkritik zu lösen, hat sich der VDS jedoch als eine Vereinigung etablieren können, die sich auch bei anderen Sprachschlachten in den Kampf wirft und mit einigem taktischen Geschick auf mehreren Schauplätzen die Konfrontation befeuert. Neben der sprachpuristischen Anglizismenkritik wird seit einigen Jahren die Verwendung geschlechtergerechter Sprache attackiert. Sowohl den VDS als solchen als auch seine Positionen werden wir uns in den folgenden Kapiteln noch genauer ansehen.

Auch ein weiteres Thema des VDS hat es mehrmals zu größerer öffentlicher Aufmerksamkeit gebracht, nachdem der Verein mit einer Initiative dazu in Erscheinung getreten war. Es geht darum, die deutsche Sprache als Staatssprache im Grundgesetz zu verankern.[7] Konkretes Anliegen ist es, Artikel 22, in dem es in den ersten beiden Absätzen um die deutsche Hauptstadt und die Nationalflagge geht, um einen dritten Absatz mit folgendem Wortlaut zu erweitern: »Die Sprache der Bundesrepublik Deutschland ist Deutsch.« Der VDS brachte diese Forderung nach einer an den damaligen Bundestagspräsidenten Norbert Lammert gerichteten Unterschriftenaktion zunächst 2011 in den Petitionsausschuss des Deutschen Bundestages ein, wo es aufgrund einer Gegenpetition zu keinem Votum der Abgeordneten kam.[8] Der Vorsitzende des VDS, Walter Krämer, warb damals mit dem Argument für die Aufnahme der neuen Regelung ins Grundgesetz, dass damit nicht nur die Funktion der deutschen Sprache als das »wichtigste Verständigungsmittel anerkannt [wird], sondern auch ihre besonderen Aufgaben innerhalb unserer Gemeinschaft«. Er begründete die Petition mit dem »dramatischen Bedeutungsschwund und Ansehensverlust der deutschen Sprache«. 17 von 27 EU-Staaten hätten ihre Sprache als Ausdruck der jeweiligen Kultur bereits in der Verfassung verankert.

Dem hielt der Sprachwissenschaftler Anatol Stefanowitsch entgegen, dass die Rolle der deutschen Sprache als Amtssprache in den Verwaltungsverfahrensgesetzen von Bund und Ländern – und durch das Gerichtsverfassungsgesetz, wäre zu ergänzen – eindeutig geregelt sei. Damit stehe die »herausgehobene Stellung der deutschen Sprache in der Kommunikation zwischen Bürgern und staatlichen Institutionen außer Frage«. Die Aufnahme der deutschen Sprache in das Grundgesetz habe lediglich Symbolcharakter und sei »ein Signal der Abschottung« gegenüber Freunden und Verbündeten der Bundesrepublik, hier lebenden Menschen mit Migrationshintergrund und gehörlosen Deutschen, deren Sprache die deutsche Gebärdensprache sei.

Die AfD beantragt die Grundgesetzänderung

Der VDS ließ sich von dieser Niederlage nicht entmutigen und hielt das Thema mit einer Arbeitsgruppe, diversen Beiträgen in seiner Vereinszeitung und durch Beschlüsse auf seinen Mitgliederversammlungen am Leben. Schließlich gelang es, die CDU von der Initiative zu überzeugen, sodass auf dem Bundesparteitag 2016 ein entsprechender Beschluss gefasst wurde[9] – gegen den ausdrücklichen Willen der Bundesvorsitzenden Angela Merkel. In den Koalitionsverhandlungen mit der SPD nach der Bundestagswahl ein Jahr später spielte diese Beschlusslage jedoch keine Rolle.

2016 legte auch die AfD ihr erstes Parteiprogramm vor, worin ein Bekenntnis zu »Deutsch ins Grundgesetz« abgelegt wird.[10] Nach dem Wahlerfolg im Herbst 2017 war es dann auch einer der ersten Anträge der neu gebildeten AfD-Fraktion im März 2018, die Änderung von Artikel 22 des Grundgesetzes in den Bundestag einzubringen.[11] In der Vorstellung des Antrags durch den AfD-Abgeordneten Stephan Brandner, den später wegen seiner ausfallenden Äußerungen abgewählten Vorsitzenden des Rechtsausschusses, ist von einer »Überflutung mit Anglizismen« die Rede und dass die deutsche Sprache »in Gefahr« sei aufgrund des »Englischwahns« in Wissenschaft und Wirtschaft. Brandner zitiert den VDS-Vorsitzenden Krämer mit dem Satz: »Nur Verlierer sprechen Englisch«, und auch ein Zusammenhang mit dem Thema Zuwanderung und Integration wird in Brandners Rede hergestellt. Der Antrag wird mit den

Stimmen der anderen Fraktionen, auch derer der CDU, abgelehnt.

Noch im Sommer 2018 trat eine neue Initiative, an deren Spitze unter anderem auch der ehemalige Vorsitzende des Deutschen Lehrerverbandes, Josef Kraus, steht, mit gleicher Zielsetzung in Erscheinung. Eine erneute Petition an den Deutschen Bundestag wird von ihr angestrebt.[12] Geworben wird auf den Webseiten der Initiative mit einem Artikel[13] des rechtsgerichteten Publizisten Thomas Paulwitz, in dem von einem »klare[n] Bekenntnis zur deutschen Sprache als prägendes Element der deutschen Identität« die Rede ist, vom »gesunden Menschenverstand«, der diese Ergänzung gebiete, und vom »Volkswillen«, der sonst »unbeachtet« bleibe und dem man »gerecht werden« müsse.

Welche konkreten Maßnahmen man sich erhofft, geht aus dem Artikel ebenfalls hervor. Es werde kein Sprachgesetz geben, »das in den privaten Sprachgebrauch eingreift« – im Umkehrschluss also in den öffentlichen –, und der Gebrauch von Dialekten und Minderheitensprachen werde nicht eingeschränkt. Vielmehr werde mit der Grundgesetzänderung ein »Aufruf zur Integration« einhergehen, indem der Staat verpflichtet werde, »die deutsche Sprache zu achten«. Wie dies aussehen könnte, wird an einer anderen Stelle des Artikels deutlich. Dort geht es um die damalige Bundesumweltministerin Barbara Hendricks, die einen Brief an die EU-Kommission in englischer Sprache verfasst hatte. »Ihr Fehlverhalten ist leider noch nicht verfassungswidrig«, heißt es dazu im Artikel vielsagend.

Auch in dieser Sprachschlacht ist eine organisierte Gegnerschaft kaum zu erkennen. Auf die verschiedenen Initiativen wird von unterschiedlichen Seiten reagiert, die einzige Initiative, die sich explizit gegen eine Grundgesetzänderung positionierte, war die von Stefanowitsch im Jahr 2011. Neben den schon im Zusammenhang mit dieser Petition erwähnten Argumenten werden vor allem verfassungsrechtliche und auf die sprachliche Vielfalt bezogene Punkte genannt, mit der die Erweiterung von Artikel 22 abgelehnt wird. Aus einer verfassungsrechtlichen Perspektive wurde auch von der damaligen CDU-Vorsitzenden Angela Merkel die Vervielfachung von Partikularinteressen kritisiert:

> Ich persönlich finde es nicht gut, alles ins Grundgesetz zu schreiben. Wir haben jetzt Anträge auf Kultur, auf Sport, auf die Frage der Familien, auf die deutsche Sprache jetzt, und wir müssen aufpassen, dass das jetzt nicht inflationiert.[14]

Andere Stimmen befürchten eine Abwertung von Mehrsprachigkeit als solcher und der Toleranz gegenüber anderen Sprachen. Auch der Status von Minderheiten- und Regionalsprachen und Dialekten wird als gefährdet angesehen.[15]

»Sprachliche Diskriminierung« – Deutsch in der EU

Als Nebenkriegsschauplatz der Sprachschlacht um die Aufnahme von Deutsch als Landessprache ins Grundgesetz ist das Thema der deutschen Sprache in der Europäischen Union anzusehen. Die EU weist – auch nach dem Ausscheiden von Großbritannien am 1. Januar 2020 – 24 Amtssprachen auf.[16] Zwar hatten Irland und Malta, die beiden einzigen Länder, die das Englische ebenfalls als Amtssprache führen, bei ihrem Beitritt das Irische und das Maltesische als »ihre« EU-Amtssprachen benannt, dies geschah jedoch auf der Grundlage der bereits erfolgten Setzung des Englischen nach dem Beitritt Großbritanniens im Jahr 1973. Durch den Brexit hat sich der Katalog der EU-Amtssprachen also keineswegs »automatisch« reduziert. Der Status und die Verwendung der Amtssprachen ist in einer

Verordnung über die Arbeitsweise der EU festgelegt. Grundsätzlich sind sämtliche amtlichen Dokumente in allen 24 Sprachen auszufertigen, und jede Bürgerin, jeder Bürger der EU hat das Recht, sich in einer dieser Sprachen an die Organe der EU zu wenden und darin auch eine Antwort zu erhalten.

Ganz anders sieht es mit den Arbeitssprachen der EU-Organe aus. Hier sind vor allem Deutsch, Englisch und Französisch im Gebrauch. Verfahren am Europäischen Gerichtshof etwa können zwar in jeder EU-Amtssprache geführt werden, die französische Sprache jedoch ist offizielle Arbeitssprache. In der Europäischen Zentralbank ist es das Englische. Auch in der Europäischen Kommission und im Europäischen Parlament wird das Englische überwiegend und noch weiter zunehmend als Arbeitssprache verwendet[17], was zulasten der anderen Arbeitssprachen Deutsch und Französisch erfolgt. Unter den europäischen Institutionen ist keine einzige zu finden, in der das Deutsche als erste oder gar einzige Arbeitssprache fungiert.[18]

Schon seit Jahren wird dies immer wieder kritisiert und es wird gefordert, Deutsch als Arbeitssprache in den EU-Institutionen zu stärken. In Umfragen, Beschwerden und Initiativen hält der VDS auch dieses Thema am Köcheln, sowohl in der deutschen Politik als auch direkt auf Ebene der EU. Ulrich Ammon, bekannt für seine umfassenden Darstellungen zum Status der deutschen Sprache in der Welt, spricht in einem Zeitungsartikel im Jahr 2010 von einer »Diskriminierung« des Deutschen in der EU[19] und verweist dabei auf den damaligen EU-Kommissar Günther Öttinger und den deutschen Außenminister Guido Westerwelle, die in ihrem konkreten Sprachverhalten (geringe Englisch-Kompetenz des einen, Beharren auf dem Deutschen gegenüber einem englischsprachigen Journalisten beim anderen) das Thema als drängend erscheinen ließen. Die CDU/CSU-Bundestagsfraktion forderte 2011 die Gleichberechtigung des Deutschen als Arbeitssprache.[20] Bis in die Gegenwart hinein bleibt das Thema aktuell, etwa wenn 2018 die österreichische FPÖ eine Stärkung des Deutschen nach dem Brexit fordert[21] oder der schon erwähnte Thomas Paulwitz in der »Jungen Freiheit« davon spricht, dass dem »Sprachkolonialismus« der EU endlich ein Ende bereitet werden müsse[22]. Zur Wahrheit gehört jedoch auch, dass Deutschland viele Jahre lang in der EU keine Sprachpolitik in eigener Sache betrieben hat und in den Vorläuferinstitutionen der EU das Deutsche zunächst nicht einmal zu den offiziellen Arbeitssprachen zählte.

Selbst wenn man nicht so weit gehen möchte, von »Sprachkolonialismus« zu sprechen, gibt es doch eine Reihe guter Gründe für die Stärkung der deutschen Sprache in den EU-Institutionen. Deutsch wird von etwa 20 Prozent der Bürgerinnen und Bürger der EU als Erst- oder Zweitsprache gesprochen, Deutschland ist das bevölkerungsreichste Land in der EU und zugleich der größte Netto-Zahler im EU-Haushalt. All das spielt allerdings in der praktischen Arbeit der EU-Institutionen kaum eine Rolle, wenn es darum geht, auf einfache und direkte Weise die Verständigung sicherzustellen. Auch wenn nach dem Brexit nur noch etwa knapp ein Prozent der EU-Bürgerinnen und -Bürger Englisch als Muttersprache spricht, ist das Englische die mit Abstand verbreitetste Fremdsprache und wird sich deshalb auch ohne das EU-Mitglied Großbritannien sicherlich als »kleinster gemeinsamer Nenner« auf sprachlicher Ebene halten. Allenfalls durch Werbe- und Bildungsmaßnahmen, die politisch flankiert werden müssten, nicht aber durch Erlasse lässt sich dies wohl in den EU-Institutionen ändern.

Die Rechtschreibreform von 1996

Wenn es in diesem Kapitel um die großen Sprachschlachten geht, darf die Rechtschreibreform nicht fehlen. Dies betrifft schon die erste, noch im 19. Jahrhundert vorbereitete Reform, die sich parallel zu den ersten Jahrzehnten der Ausformung des Deutschen Kaiserreichs vollzog und 1902 zu einer Regelung führte, die fast das gesamte 20. Jahrhundert über mit nur kleineren Änderungen Gültigkeit behielt. Bis in die Gegenwart aber wirken sich die erbittert geführten Auseinandersetzungen zur Rechtschreibreform von 1996 aus – die Forderung nach einer Rückkehr zur alten Rechtschreibung lässt sich sogar noch im aktuellen Parteiprogramm der NPD finden[23].

Die Reform war seinerzeit von einem »Internationalen Arbeitskreis für Orthographie« noch vor der Wende von 1989 in Angriff genommen worden. Ziel war es, das Regelwerk zu systematisieren – einige radikalere Vorschläge, etwa die Großschreibung von Substantiven abzuschaffen, konnten sich nicht durchsetzen und wurden schnell fallen gelassen. Zudem wurden Freiräume für Schreibvarianten geschaffen, die Schreibung nach dem Stammprinzip konsequenter umgesetzt und in vielen Fällen versucht, die Schreibung von Fremdwörtern stärker ins orthografische System des Deutschen zu integrieren. Problematisch an diesem Reformansatz war es, dass die Reform aus der Innenperspektive der Sprachwissenschaft heraus betrieben wurde, während die schulische, die publizistische oder die allgemeine private Schreibpraxis nur eine untergeordnete Rolle spielte. Außerdem stimmten einige der linguistischen Annahmen nicht, was auch zu erheblicher fachlicher Kritik führte. Seinerzeit lagen noch keine so umfangreichen Forschungen zum orthografischen System des Deutschen vor, wie es heute der Fall ist.[24]

Nachdem die Reform durch Zustimmung der verschiedenen staatlichen Gremien (in Deutschland der Kultusministerkonferenz) in Kraft getreten war und zwischen den angepassten Neuauflagen häufig genutzter Wörterbücher erhebliche Unterschiede erkennbar wurden, begann ein Sprachkampf, der allein 1997 zu 30 Gerichtsverfahren, 1998 zu einer Verfassungsbeschwerde und in Schleswig-Holstein sogar zu einem Volksentscheid führte. Dabei ging es um allgemeine Zuständigkeitsfragen und die verpflichtende Anwendung der neuen Regeln im Bereich der Schule, es wurde aber auch die Frage gestellt, ob es überhaupt einer staatlichen (Neu)regelung der Rechtschreibung bedurft hätte. Verlage machten den Aufwand einer Anpassung an die neue Rechtschreibung geltend, Autorinnen und Autoren fühlten sich gegängelt, die Lehrerschaft als diejenigen, die die Reform »auszubaden« hätten, sich übergangen. Hinzu kamen grundsätzliche Kritikpunkte: Die Sprache habe sich seit 1902 kaum geändert, und das Schreiben sei nicht die einzige Verwendungsweise von Schriftsprache, die zu berücksichtigen sei, auch die Praktikabilität der Orthografie für das Lesen müsse bedacht werden. Als dann sogar noch die Frankfurter Allgemeine Zeitung nach anfänglicher Umsetzung der Reform im Jahr 2000 zur alten Rechtschreibung zurückkehrte, dem später auch noch die Axel Springer AG, der Spiegel-Verlag und weitere Verlagshäuser folgten, drohte die Einheitlichkeit der deutschen Rechtschreibung buchstäblich unterzugehen. Auch innerhalb der Germanistik wurde der Kampf offen ausgetragen.

Der unglückliche Verlauf der ersten Reformphase führte dazu, dass einige der Regeländerungen, die auf besonders großen Protest gestoßen waren, zurückgenommen oder als optional deklariert wurden. Auch die Zwischenstaatliche Kommission aus Fachwissenschaftlerinnen und -wissenschaftlern wurde vom weitaus breiter ausgelegten Rat für deutsche Rechtschreibung abgelöst. 2006 trat die revidierte Fassung der amtlichen Regelung in Kraft, und mit ihr wurde auf diesem Kriegsschauplatz ein Waffenstillstand erzielt. Nach und nach stellten auch die Verlage, die der Reform zunächst ablehnend gegenübergestanden hatten, ihre Hausorthografien auf die neue Regelung um. Der Rechtschreibrat beobachtet seitdem ohne großes Medienecho den Schreibusus in den deutschsprachigen Ländern und Regionen und spricht in seinen Berichten alle sechs Jahre Empfehlungen für moderate Anpassungen des Regelwerks und der Wörterliste aus. Nur der Genderstern hat in letzter Zeit zu heftigeren Emotionsausschlägen geführt – warum das in diesem Fall so war und ist, sehen wir uns im nächsten Kapitel genauer an.

Der Rechtschreibkampf geht in die Verlängerung

Bis heute allerdings sind die Wunden, die die Kämpfe geschlagen haben, bei manchen noch immer nicht verheilt. Zum zwanzigsten Jahrestag der Reform am 1. August 2018 etwa erschien in der FAZ unter dem Titel »Ein Unglück der Sprachgeschichte. 20 Jahre Rechtschreibanarchie« ein Kommentar der Bildungsredakteurin Heike Schmoll, der in Hinsicht auf den alten Kampfgeist nichts zu wünschen übrig ließ.[25] So behauptet sie, dass von Anfang an klar gewesen sei, »dass der Versuch, die deutsche Rechtschreibung zu vereinfachen, schiefgehen würde.« Die »Rechtschreibmisere oder auch Rechtschreibanarchie, die sich inzwischen unter Schülern, Studenten und vielen Schreibenden ausgebreitet hat«, sei auf das amtliche Regelwerk zurückzuführen. Ob es diese Anarchie überhaupt in dieser Form gibt, ob die zu beobachtende Varianz nicht vielleicht eher grundlegenden Veränderungen von Schreibsituationen durch die Digitalisierung geschuldet ist, ob nicht vielleicht auch allgemeine Bildungsfragen, Fragen der Lehrerbildung oder der Deutsch-Curricula zu adressieren sind, spricht sie dabei nicht an.

Die Leserkommentare zu der Online-Version des Artikels dokumentieren Meinungen zu der Rechtschreibreform, die weit über die sprachlichen Fragen hinausgehen, die damit ursprünglich verbunden waren. So wird von einem ersten Versuch, die Menschen im Land »von oben« gefügig zu machen, gesprochen oder von einem Vereinfachungsprogramm, bei dem es darum gehe, einer antiautoritären Bildungsauffassung in der Schriftsprache durch Zerstörung einer gewachsenen Schreibtradition Geltung zu verschaffen, wofür eine »linksgrüne« Politik verantwortlich sei. (Die Reform wurde in Deutschland vollständig in der Zeit der schwarz-gelben Bundesregierung unter Helmut Kohl vollzogen.) Manche Kommentare bringen politiker- und elitenfeindliche Ressentiments zum Ausdruck, andere jedoch verweisen auch auf die Bedeutungslosigkeit des Themas an sich oder auf tatsächliche Vereinfachungen, die die Reform erbracht habe.

Wenn es um Rechtschreibung geht, ist auch der Duden nicht fern. Zwar hat dieser bereits seit der Verabschiedung der Rechtschreibreform 1996 nicht mehr den staatlichen Auftrag, die Orthografie zu regeln, doch wird die Auswahl der Wörter im Duden-Rechtschreibwörterbuch oftmals als eine Festlegung darüber missverstanden, was zum Wortschatz der deutschen Sprache gehört und was nicht. Auch wenn die Dudenredaktion immer wieder betont, dass ihre Auswahl allein nach rein sachlichen Kriterien – etwa dem der Gebrauchshäufigkeit oder der Rechtschreibschwierigkeit – geschieht, wird ihr genauso häufig unterstellt, mit dieser Auswahl eine Absicht zu verbinden. Ein beliebter Topos ist es dabei, einen Zusammenhang mit George Orwells Roman »1984« herzustellen, in dem durch eine regulierte Sprachvariante namens »Neusprech« das Denken der Menschen beeinflusst werden soll. In einem Beitrag auf »Tichys Einblick« – einem jener Online-Magazine, die sich als Teil einer alternativen, noch nicht durch die Mainstream-Medien »gleichgeschalteten« Gegenöffentlichkeit verstehen – schreibt der schon zuvor erwähnte Josef Kraus zur im August 2020 erschienenen Neuauflage des Rechtschreibdudens:

> George Orwell hätte sich 1948, als er ›1984‹ schrieb, wohl eher nicht träumen lassen, dass seine Dystopie siebzig Jahre später bereits ein- bzw. überholt ist.[26]

Nur, um was für eine Absicht handelt es sich, die der Duden verfolgt? Kraus hat dazu eine klare Meinung. In seinem Beitrag unterstellt er der Dudenredaktion, dass neu aufgenommene Begriffe wie »bienenfreundlich«, »Flugscham«, »Hatespeech«, »Geisterspiel«, »Lockdown«, »Herdenimmunität«, »Gendersternchen« und das durchaus rechtschreibschwierige »Cisgender« nicht etwa wegen ihres gegenwärtig nachweisbaren Vorkommens aufgenommen worden seien, sondern um sich »nicht den Vorwurf machen [zu] lassen, hinter aktuellen gesellschaftlichen (oktroyierten!) Debatten um Klimawandel, Corona, Rassismus und Co. hinterherzuhinken.« Zusammen mit der (aus linguistischer Sicht übrigens nicht zutreffenden) Neusprech-These wird die Wortauswahl so auf direktem Wege zu einem Politikum erklärt, gegen das man Widerstand leisten sollte:

> Die herkömmlichen Parteien lassen all dies geschehen. Die Damen und Herren »Volksvertreter« scheinen nicht mehr zu wissen, dass die Sprache dem Volk und nicht irgendwelchen Sprach-»Wissenschaftlern« oder Redakteuren gehört. Die einzige Partei, die gegen zumal ideologisch motivierte Sprachmani-

pulationen wettert, ist die AfD. Etwa wenn die Begriffe »Alltagsrassismus« oder »rechtsterroristisch« in den »Duden« aufgenommen werden. Aber die »Arrivierten« wischen das mit dem Hinweis weg: »Naja, AfD eben!«.

Die hier in der Diktion des Unterdrückten und Entrechteten entfaltete Argumentation eines ganz besonders Arrivierten[27] ist völlig unhaltbar, denn neben den von Kraus erwähnten Wörtern finden sich im Duden zuhauf auch solche Wörter, die anderen Auffassungen und Weltanschauungen Ausdruck verleihen.

Der Duden hat mit der 28. Auflage allerdings aus Sicht seiner Kritiker einen Sündenfall begangen: Erstmals finden sich dort Hinweise zu geschlechtergerechter Schreibung. Obwohl die besonders umstrittenen, aber immer häufiger vorkommenden Formen wie der Genderstern oder der Unterstrich ausdrücklich als nicht vom amtlichen Regelwerk gedeckt ausgewiesen sind, hat sich daran die Kritik bei dieser Auflage ganz besonders entzündet. Manche Kritiker meinen sogar, dass der Dudenverlag damit einer geheimen Direktive der Regierung folge.[28] Wir kommen auf dieses Thema später noch einmal zurück.

»Politische Korrektheit« oder Rücksichtnahme?

In eine ganz andere Richtung zielt eine der großen Sprachschlachten, die sich von ihren Wurzeln so weit entfernt hat, dass es sich lohnt, sich ihren Ursprung zunächst noch einmal zu vergegenwärtigen. Es ist der oftmals mit »politischer Korrektheit« bezeichnete Komplex, zu dem heute auch seine Umkehrung gehört, die »Sprachverrohung«. Bei »politischer Korrektheit« handelt es sich im Wesentlichen um das Ideal von Respekt und Höflichkeit, das konsequent auf den Bereich der Sprache angewandt wird und sich an den Maßstäben des Ge-

genübers orientiert. In traditioneller Terminologie kann dies auch mit dem Begriff der »Humanitas« gefasst werden. Demgegenüber ist »Sprachverrohung« als die bewusste Verletzung eines derartigen Ideals von Respekt und Höflichkeit zu verstehen – insbesondere im öffentlichen oder halb öffentlichen Sprachgebrauch –, was zuweilen auch als Inzivilität bezeichnet wird.[29]

Der Begriff »politische Korrektheit«, im deutschsprachigen Raum fast ausschließlich als eine negative oder gar diffamierende Kennzeichnung verwendet, besitzt ein weites Spektrum von Bedeutungen.[30] Mit dem Begriff der »politischen Korrektheit« werden vielfach vermeintliche Sprachvorgaben oder sogar Zensurbestrebungen verbunden, die der Meinungsfreiheit entgegenstünden. Der Diskurs um »politische Korrektheit« geht oft weit über sprachliche Themen hinaus und bezieht sich dabei auf eine vorgebliche Problematik einer unvoreingenommenen Thematisierung, oft auch als »Tabuisierung«, »Zensur« oder »Umerziehung« bezeichnet, von politischen Fragestellungen oder Entwicklungen, die von einem eher linksgerichteten Mainstream unterdrückt würden, da sie nicht in das gewünschte Welt- und Gesellschaftsbild passten.

Eine solche umfassendere politische Kontroverse entzündet sich zuweilen an einzelnen Begriffen. Damit sind zunächst einmal solche Bezeichnungen gemeint, die gebräuchliche Wörter ersetzen sollen, um die Identifikation von Menschen mit bestimmten einschränkenden Eigenschaften zu umgehen. Dies ist der Grund dafür, statt von »Behinderten« von »Menschen mit Behinderungen« zu reden oder statt von »Behinderteneingang« von »barrierefreiem Eingang«. Derartigen Umbenennungen liegt die kognitionspsychologisch plausible Auffassung zugrunde, dass Wörter im menschlichen Gehirn kognitive Aktivitäten auslösen, durch die bestimmte Schlussfolgerungen und

Bewertungen erleichtert, andere erschwert werden. Dies lässt sich durch Reaktionstests und Assoziationsaufgaben experimentell untermauern.[31] »Schwarze Menschen« sind nach dieser Auffassung zunächst einmal Menschen, die eine bestimmte Eigenschaft aufweisen, während »Schwarze« Personen sind, die durch diese Eigenschaft definiert werden – Menschsein statt Schwarzsein. Viele derartige Ersetzungen sind mittlerweile so weit in den Sprachgebrauch eingedrungen, dass um sie gar kein Streit mehr entbrennt.

In verschärfter Form sind jedoch immer wieder Personenbezeichnungen umkämpft, in denen ein diffamierender Aspekt zu erkennen ist. Die geradezu »klassische« Auseinandersetzung, die hier als Beispiel genannt werden kann, ist die zum Wort »Mohr«. Die gegensätzlichen Positionen sind die folgenden: Gegner der Verwendung dieses Wortes verweisen auf den grundlegenden kolonialrassistischen Gebrauchszusammenhang, der trotz der oftmals nicht als diffamierend gemeinten Verwendung bestehen würde. Im heutigen Deutsch werde das Wort zudem eher abwertend oder eben die Hautfarbe als diskriminierendes Merkmal von Menschen betonend verwendet. Dem wird entgegengehalten, dass das Wort »Mohr« etymologisch keineswegs abwertend gemeint und verwendet worden sei, sondern ursprünglich einfach nur das Volk der Mauren bezeichnet habe. Zudem gebe es eine sprachliche Tradition, die sich seit Jahrhunderten entwickelt und die zu einer weiten Verbreitung von Familien-, Straßen- oder Geschäftsnamen im deutschen Sprachraum geführt habe. Auch würde man sich selbst nicht als beleidigt betrachten, wenn man mit »Mohr« angesprochen werde, und man kenne sogar diesen oder jenen schwarzen Menschen, für den das ebenfalls gelte.

Die Probleme mit derartigen Wörtern ergeben sich aber nicht nur aus deren Verwendung als solcher, sondern auch aus dem, was mit der Verwendung bezweckt wird. Geht es darum, die eigene Sensibilität für das diffamierende Potenzial eines Wortes wie »Mohr« zum Ausdruck zu bringen, besteht zugleich auch die Gefahr, den sich dahinter verbergenden fortlaufenden Antidiskriminierungsdiskurs nicht vollständig zu erfassen und buchstäblich nicht »mitzubekommen«, dass zeitweise gebräuchliche Ersatzbegriffe wie »Farbiger« oder »Schwarzer« inzwischen ebenfalls abgelehnt werden. Auf der anderen Seite führt die Ablehnung der Rücksichtnahme auf die Bezeichnungswünsche schwarzer Menschen dazu, dass mit dem einen, möglicherweise sogar in völliger Unwissenheit verwendeten Wort zugleich eine politische Einordnung einhergeht, die vielleicht gewollt, vielleicht aber auch vollkommen ungewollt ist. Es kennzeichnet diesen Sprachkampf, dass er eben nicht nur ein Kampf um Sprache ist, sondern hier anhand von Sprache viel größere politische Stellungen umkämpft sind.

Ein Leitfaden der Berliner Senatsverwaltung

Das ganze Spektrum dessen, was oft mit »politischer Korrektheit« kategorisiert wird, findet sich im Diversitätsleitfaden »Vielfalt zum Ausdruck bringen!« der Berliner Senatsverwaltung. Dieser 44 Seiten starke Text wurde im September 2020 als eine interne Handreichung für die Mitarbeiterinnen und Mitarbeiter in den verschiedenen Verwaltungsbereichen der Stadt als Anlage des »Diversity-Landesprogramms« verabschiedet.[32] Erklärtes Ziel des Leitfadens ist es laut dem Einleitungskapitel, wegen der hitzigen Debatten zu diesem Thema »zur sachlichen Diskussion und zum bewussten Umgang mit Sprache« beitragen zu wollen. Er soll eine »Anregung« sein, »die eigene Sprachverwendung zu reflektieren« und sich auf dieser Grundlage »bewusst für eine diversitysensible Sprache zu entscheiden«[33].

Dabei wird ein Zusammenhang hergestellt mit der gewünschten Dienstleistungsorientierung der Verwaltung bezüglich einer durch Vielfalt geprägten Stadtgesellschaft. Der Leitfaden ist nach einigen einordnenden Ausführungen gegliedert in Abschnitte wie »Ethnische Herkunft/Hautfarbe«, »Religion und Weltanschauung«, »Behinderung«, »Sexuelle Orientierung« oder »Alter« und nimmt hier zu verschiedenen Sprach- und Bildbeispielen mit recht ausführlichen Erläuterungen jeweils Einordnungen und Empfehlungen vor.

Es war zu erwarten, dass ein solcher Leitfaden auf heftige Kritik stoßen würde. Felix Krautkrämer sieht es in der »Jungen Freiheit« als eine Verirrung an, »Asylanten« als »Schutzberechtigte« zu bezeichnen, »Kopftuchträgerinnen« als »Musliminnen« oder »illegale Migranten« als »undokumentierte Migranten«.[34] Man muss sich gar nicht darauf einigen, dass in Bezeichnung und Anrede dieser Personen mit den nicht empfohlenen Ausdrücken eine Einordnung vorgenommen wird, die vielleicht gar nicht stimmt. Vielmehr versetzt sich Krautkrämer mit seiner Kritik nicht in die Position derjenigen, die in einer Großstadt wie Berlin ein konkretes Anschreiben oder Formular zu entwerfen oder die, womöglich sogar Fragen des Asyls, der Religionszugehörigkeit oder eines Fluchtgeschehens administrativ zu bearbeiten haben – und die die durch diesen Leitfaden eigentlich Adressierten sind.

Auch wenn der Leitfaden über sein Ziel hinausschießt, wenn er etwa den Ausdruck »schwarzfahren« problematisiert, ist darin doch deutlich das aufklärerische Anliegen erkennbar. Dies zeigt sich beispielsweise bei den Bezeichnungen für die Angehörigen der Roma-Minderheiten, bei denen mit genau diesem Ausdruck die komplexe Auffächerung in verschiedene Untergruppen erfasst werden soll. Auch in vielen anderen Fällen geht es schlicht um sprachliches Wissen, das vermittelt wird, um in einer Stadtverwaltung mit einer extrem vielfältigen Gesellschaft zurechtzukommen.

Die Kehrseite der vermeintlichen »politischen Korrektheit« ist die Inzivilität, die sich aus dem Anspruch ergibt, sich nicht in seiner Meinungsfreiheit einschränken zu lassen und dieses oder jenes »wohl doch noch sagen zu dürfen«. Der bewusste Verstoß gegen die vorgeblichen Regeln der »politischen Korrektheit« führt oftmals auf geradem Weg zur »Sprachverrohung«, die gerade in den ersten Monaten der AfD im Deutschen Bundestag zu verzeichnen war – von rechter wie von linker Seite. Die Integrationsbeauftragte der Bundesregierung »in Anatolien entsorgen« zu wollen, wie es der AfD-Spitzenkandidat Alexander Gauland noch im Wahlkampf gesagt hatte, ist so eine Entgleisung, die geradezu eine Umkehrung der mit der so viel geschmähten »politischen Korrektheit« verbundenen humanistischen Wertschätzung des Anderen darstellt. Wenn aber auf die Aussage der AfD-Fraktionsvorsitzenden Alice Weidel, dass – ausgerechnet – die »politische Korrektheit auf den Müllhaufen der Geschichte« gehöre, vom SPD-Abgeordneten Martin Schulz entgegnet wird, dass »die AfD auf den Misthaufen der Geschichte gehöre«, dann überschreitet dies ebenfalls die Grenzen eines unhintergehbaren parlamentarischen Miteinanders in einer Demokratie. Und weder linke Medien wie die »tageszeitung« mit ihrer »Müllkolumne« gegen die Polizei[35] noch andere deutschsprachige Länder wie etwa Österreich, wo sich die FPÖ selbst als »Unkrautbekämpfungsmittel« gegen Zuwanderung bezeichnet,[36] sind vor derartigen sprachlichen Verirrungen gefeit.

Weitere Sprachschlachten

Mit dem Sprachpurismus, der Initiative »Deutsch ins Grundgesetz«, Deutsch in der EU, der Rechtschreibreform, »politischer Korrektheit« und sprachlicher Inzivilität ist die Liste an Sprachschlachten um das Deutsche keineswegs erschöpft. Weniger lang und erbittert umkämpfte, keineswegs aber weniger wichtige Auseinandersetzungen gab und gibt es zu einer ganzen Reihe weiterer Themen. Sogar ein auf den ersten Blick so »harmloses« Thema wie die Leichte Sprache hat schon zu harscher Kritik und entsprechenden Gegenreaktionen Anlass geboten. So wurde ihr doch schon schädliche Übersimplifizierung[37], eine faktische Exklusionswirkung und sogar eigennützige ökonomische Interessen ihrer Befürworterinnen und Befürworter vorgeworfen[38], anstatt lediglich die Möglichkeit der Partizipation für Menschen mit eingeschränkter Sprachfähigkeit im Auge zu haben.

Geradezu zyklisch gerät das Thema einer »Deutschpflicht auf dem Schulhof« in den Blick der Öffentlichkeit. Hier stehen Zielsetzung von Bildung und Teilhabe zu Auffassungen zur Mehrsprachigkeit in einer multiethnischen Gesellschaft miteinander im Konflikt.[39] Konkrete, kaum zu ignorierende Probleme in Schulen in Hinsicht auf Sprachkompetenz und Integration bringen immer wieder die Forderung hervor, ethnischen Gruppenbildungen mit ihren Abschottungstendenzen durch die verpflichtende Verwendung der deutschen Sprache auch außerhalb des Unterrichts entgegenzuwirken. Auf der anderen Seite wird geltend gemacht, dass die sprachliche Homogenität, die in den europäischen Ländern so selbstverständlich erscheint, als ein sehr spezielles, künstliches Ergebnis einer auf die Identität von Nationalstaat und Sprache ausgerichteten Politik anzusehen ist, die erst seit dem 19. Jahrhundert verfolgt wurde. Der Normalfall von Sprachlichkeit in einer Gesellschaft sei die Mehrsprachigkeit, und selbst für das Deutsche werde mit der einseitigen Ausrichtung auf ein ganz bestimmtes bildungssprachliches Register die Varietätenvielfalt ignoriert. Es ist ein Konflikt, in dem anhand einer Sprachfrage so grundlegend unterschiedliche Gesellschaftsvorstellungen kodiert sind, dass es sehr schwer fällt, diese auf der Suche nach einer praktikablen Lösung für konkrete Probleme zu überbrücken.

Ein »klassisches« Kampfthema, das ebenfalls von Zeit zu Zeit seinen Weg in die Politik findet, ist die deutsche Sprache in der Wissenschaft und in der Wirtschaft. Beides war bereits Gegenstand von parlamentarischen Anfragen und Anhörungen, und beides ist immer wieder auch für den VDS Thema in seiner Vereinszeitung. Im Wissenschaftsbereich geht es um die Einführung englischsprachiger Studiengänge an deutschen Hochschulen, das englischsprachige Publizieren und den Status von Deutsch als Wissenschaftssprache überhaupt[40], im Bereich der Wirtschaft um die Sprache der Werbung oder die hausinterne Sprachpolitik in multinationalen Unternehmen, die ihren Hauptsitz in Deutschland haben.

In den letzten Jahren hat auch das Thema »Framing« Hochkonjunktur gehabt. Wissenschaftlich nicht unumstritten, stellt das Konzept des Framing eine auf Erkenntnissen der Kognitionspsychologie basierende Theorie der Beeinflussung durch Sprache dar. Dies wird seit eh und je in der Werbung genutzt, in neuerer Zeit aber auch von Organisationen und Parteien, um ihr Bild in der Öffentlichkeit in eine gewünschte Richtung zu lenken. Die ARD musste 2019 schmerzlich erfahren, wie wenig willkommen es für die Beitragszahlenden ist, durch Framing-Methoden zu einer positiveren Haltung dem öffentlich-rechtlichen Rundfunk gegenüber gelenkt zu werden.[41] Und als die SPD damit begonnen hatte, die vormals nüchtern klingenden Bezeichnungen von Gesetzen durch Namen wie »Gute-Kita-Gesetz«, »Starke-Familien-Gesetz« oder »Lebensleistungsrente« aufzuwerten, musste sie sich den Versuch einer Manipulation der Bürgerinnen und Bürger vorwerfen lassen.[42]

Erst im Jahr 2020 wurde im Zusammenhang mit der internationalen Rassismusdebatte auch in Deutschland die Verwendung des Wortes »Rasse« im Grundgesetz in Frage gestellt – ein einzelnes Wort, das im Grundgesetz genau ein einziges Mal vorkommt. Die Auseinandersetzung, die sich daraufhin entfaltete, war ein Sprachkampf wie im Reagenzglas: Es ging um den Kontext dieser Verwendung, seine Verwendung heute und im Jahr 1948/49, dem Zeitpunkt der Entstehung des Grundgesetzes, die »Karriere« des Wortes in der Zeit des Nationalsozialismus und die wissenschaftliche Frage, ob es Menschenrassen überhaupt gibt[43] – und das alles aufgeladen mit dem divergierenden Verständnis dessen, was das Grundgesetz ist und sein sollte.

3 DAS SCHLACHTFELD »GESCHLECHTERGERECHTES DEUTSCH«

Auf dem Schlachtfeld der geschlechtergerechten Sprache, könnte man meinen, lässt sich alles finden, was einen Kampf zu einem Ereignis macht. Zwei mächtige Armeen stehen einander gegenüber in einem nahezu ausgeglichenen Kampf. Sie stehen für zwei sehr unterschiedliche Ideengebäude, haben wohlorganisierte Versorgungseinheiten in ihrem Rücken und kämpfen entschlossen für ein ihnen wichtiges Ziel, das weit über diese eine Schlacht hinausführt. Es gibt die Geschichten einzelner Heldinnen und Helden, taktische Finten und strategische Finessen. Und man ist nicht nur auf einen Sieg aus, man will den Gegner vernichten. – Aber ist es wirklich so?

Worum es geht

Der Gegenstand selbst ist mittlerweile sehr gut erforscht. Im 2018 erschienenen Grundlagenwerk »Genderlinguistik« von Helga Kotthoff und Damaris Nübling werden auf 350 Seiten knapp 1000 Publikationen zitiert, mit denen das Gebiet von den theoretischen Grundlagen über alle Systemebenen der Sprache, Sozio- und Psycholinguistik hinweg bis hin zu genderlinguistischen Aspekten in Namen, Schrift, Gespräch, Kommunikation und Medien entfaltet wird. Um so unbefriedigender ist es vor diesem Hintergrund, zu sehen, wie das Thema in der öffentlichen Debatte oftmals auf den Genderstern oder das generische Maskulinum verkürzt wird.

Streng genommen muss man zwei miteinander verwandte, aber doch sachlich getrennte Diskurse voneinander unterscheiden. Das ist zum einen das Bemühen um die sprachliche Gleichstellung von Frauen, das sich im Wesentlichen bis zu den Anfängen der feministischen Linguistik in den 1970er-Jahren zurückführen lässt. Für dieses Anliegen weist die deutsche Sprache mit ihrem Genussystem grundsätzlich die Möglichkeit auf, den Sprachgebrauch in geeigneter Weise anzupassen, auch wenn es im Detail eine ganze Reihe von Fragen zu beantworten gilt. Der Begriff der gendergerechten Sprache im engeren Sinne hingegen stellt die Auffassung der sozialen Konstruktion der Kategorie Geschlecht in den Mittelpunkt und will dabei auch die geschlechtliche Vielfalt zwischen den Polen von Weiblichkeit und Männlichkeit berücksichtigen. Für dieses Anliegen gibt es keine gewachsenen Strukturen in der deutschen Sprache, sodass die propagierten Lösungen für Personenbezeichnungen wie der Asterisk (»Genderstern«) in der Schriftsprache oder der glottale Verschlusslaut (Knacklaut wie in »Wähler-innen«) auch besonders deutlich in den Fokus der Auseinandersetzung geraten. Allenfalls das Neutrum oder bezüglich Genus oder Sexus unbestimmte Wörter lassen sich hier sprachlich direkt zuordnen.

Man muss demzufolge die Pro-und-Contra-Argumente danach differenzieren, auf welchen Diskurs sie sich beziehen.[44] Für die sprachliche Gleichstellung von Frauen etwa lassen sich einige plausible Gründe nennen: Formen im generischen Maskulinum wie »Wähler«, mit denen gleichermaßen auf Männer wie Frauen referiert wird, bewirken eine Verstärkung einer Vorstellung von Männlichem, die sich experimentell nachweisen lässt. Das »Mitmeinen« von Frauen, das in

Verwaltungstexten bis vor einiger Zeit gern konstatiert wurde, funktioniert also nur mit Einschränkungen.[45] Die Verwendung von femininen Formen verändert sogar Auswahlentscheidungen, etwa wenn es um die Zuordnung von Geschlechtern zu Berufen geht.[46] Zudem sollte man Menschen so ansprechen – so ein weiteres Argument –, wie sie angesprochen werden wollen, und selbst wenn viele Frauen in Meinungsumfragen zuweilen angeben, dass ihnen das Thema nicht sehr wichtig sei, so zeigen wiederum wissenschaftliche Befragungen, dass sie in konkreten Fällen mehrheitlich doch lieber in der weiblichen Form (»liebe Kundin« statt »lieber Kunde«) angesprochen werden wollen.[47]

Immer wieder wird laienlinguistisch geltend gemacht, dass das Genus im Deutschen ja überhaupt nichts mit dem biologischen Geschlecht zu tun habe, sonst könne es ja nicht »das Mädchen«, »der Vamp« und »die Memme« heißen. Die Mainzer Sprachhistorikerin Damaris Nübling hat allerdings gezeigt,[48] dass derartige Genus-Verschiebungen durchaus einem Muster folgen: Der »unmännliche« Mann wird ins »Weibische«, ins Femininum verschoben (»die Memme«), die Frau, die nicht ihrem Rollenbild entspricht und damit provoziert, ins Maskulinum (»der Vamp«) und die meist junge Frau, der man die Eigenschaft des Frauseins ganz abspricht, ins Neutrum (»das Mädchen«, dialektal »das Annerl«). Das Genus im Deutschen kodiert zwar nicht das biologische – so die Schlussfolgerung –, wohl aber das soziale Geschlecht, also Gender, und von dieser Warte aus betrachtet sind ganz erstaunliche Muster und regelhaft verlaufende historische Prozesse zu erkennen, mit denen das biologische Geschlecht durch Sprache sozial überformt wird. Dies ist als historisches Erbe tief in den sprachlichen Strukturen des heutigen Deutsch enthalten. Ähnliches gilt für das generische Maskulinum. Dass es hier zu einem Widerspruch zu der wahrgenommenen Realität einer geschlechtlichen Vielfalt kommt, ist evident.

Kritik an geschlechtergerechter Sprache

Auch die Gegenseite führt eine ganze Reihe von Argumenten ins Feld. Zentral dabei ist die Bewertung des generischen Maskulinums. Danach bezeichnet die maskuline Form (»die Wähler«) im Falle von Personengruppen keineswegs nur deren männlichen Teil. Sie sei vielmehr als die in Hinsicht auf das biologische Geschlecht unmarkierte Form zu verstehen, sodass dieses überhaupt nicht als solches benannt sei und deshalb keine Rolle spiele. Für diese Sichtweise kann man vor allem sprachhistorische und systematische Gründe geltend machen. Nur wenn eine explizit weibliche Form neben die im Maskulinum gebildete Form tritt, dann werde aus dem generischen ein spezifisches, den Sexus »männlich« bezeichnendes Maskulinum (»Wählerinnen und Wähler«). Hinzu kommen verschiedene Phänomene in der deutschen Sprache, in denen sichtbar wird, dass neben dem Maskulinum eine andere Genusform überhaupt nicht gebildet werden kann. Beim Fragewort »wer« ist das beispielsweise der Fall: »wer« transportiert das Genus Maskulinum, was in Sätzen wie »*Wer* möchte von *seiner* Schwangerschaft erzählen?« sichtbar wird. Eine feminine Form von »wer« gibt es nicht. Die Studien zur Genus-Sexus-Abhängigkeit, so ein weiterer Kritikpunkt, würden methodische Schwächen aufweisen oder ganz an der Sache vorbeigehen, sodass das generische Maskulinum dadurch keineswegs in Frage gestellt werde.

Bestrebungen zur sprachlichen Kenntlichmachung der Geschlechter werden aus dieser Perspektive mit dem Argument abgelehnt, dass damit ein unzulässiger Eingriff in das fein austarierte System der deutschen Sprache verbunden sei. Dieses sei gewachsen und hätte sich in einem evolutionären Prozess an die kommunikativen Bedürfnisse angepasst. Ähnlich wie ein Ökosystem durch Eingriffe aus dem Gleichgewicht gebracht werden könne, könne auch das Ökosystem der Sprache ins Ungleichgewicht geraten, wenn willkürlich darin eingegriffen werde. Neben der linguistisch motivierten Kritik wird zudem darauf hingewiesen, dass auch andere personenbezogene Kategorien wie Alter oder Hautfarbe zu Diskriminierungen führen können, ohne dass sie überhaupt versprachlicht werden. Bezogen auf die Gleichstellung bedeute das, dass andere Maßnahmen viel wichtiger seien als der Gebrauch einer geschlechter- oder gendergerechten Sprache. Überdies werde durch die geschlechtergerechte Bezeichnung von Personen die Kategorie Geschlecht oftmals geradezu herausgehoben und dadurch überhaupt erst ins Bewusstsein gebracht.

Warum das Thema so präsent ist

Der Kampf um das geschlechtergerechte Deutsch hat aus mehreren Gründen in den letzten Jahren an Intensität gewonnen. Sicherlich wichtig, aber nicht ausschlaggebend war es dabei, dass sich auch die großen Tageszeitungen an der Debatte beteiligen. Die FAZ, die Süddeutsche Zeitung, die Welt, Die Zeit, die Neue Zürcher Zeitung – sie alle lassen eine Haltung erkennen, die sich mit ihrer jeweiligen politischen Positionierung tendenziell in Verbindung bringen lässt. Besonders die FAZ hat es sich zur Aufgabe gemacht, mit Beiträgen der emeritierten Germanistik-Professoren Peter Eisenberg und Helmut Glück gegen die geschlechtergerechte Sprache Einspruch zu erheben. Viele der Beiträge in anderen Zeitungen, so auch einer von Damaris Nübling und mir in der SZ, sind Reaktionen auf dieses deutliche

Engagement der FAZ, das auch immer wieder durch redaktionelle Beiträge betont wird.

Es war aber besonders eine Buchveröffentlichung, die 2017 das Blut der Gegner geschlechtergerechter Sprache in Wallung versetzte: der im Dudenverlag erschienene Ratgeber »Richtig gendern« von Gabriele Diewald und Anja Steinhauer. Wie man noch heute aus den »Rezensionen« auf Amazon zu diesem Buch ersehen kann, speist sich die Kritik aus einer Reihe von Missverständnissen. Im Zentrum steht natürlich die Kritik am »Gendern« selbst, auch wenn in dem Buch ausdrücklich davon die Rede ist, dass man denjenigen einen Ratgeber an die Hand geben möchte, die in Schulen, Universitäten und Behörden aufgrund entsprechender Erlasse konkret mit der Aufgabe konfrontiert sind, Texte in geschlechtergerechter Sprache zu verfassen. Sie wollen sich damit gerade abgrenzen von ideologisch behafteten Hinweisen oder allgemeinen Stellungnahmen zum Thema, um durch praktische Formulierungsempfehlungen das Thema zu versachlichen.

Die Missverständnisse beginnen dort, wo angenommen wird, dass durch den Namen »Duden« dieses Anliegen zu einer Norm erhoben wird. Vielen Kritikerinnen und Kritikern ist offensichtlich nicht bekannt, dass der Dudenverlag ein Verlag ist, der neben dem Rechtschreibduden, der für viele Menschen immer noch eine quasiamtliche Funktion innehat, und den anderen bekannten Werken in der zwölfbändigen Duden-Reihe Hunderte anderer Bücher – Ratgeber, Lehrwerke, Essays, Sachbücher – zu sprachlichen und nicht sprachlichen Themen herausbringt. Der bis 1996 tatsächlich noch bestehende amtliche Auftrag im Bereich der deutschen Rechtschreibung, der beim Wort »Duden« nachklingt, führt zu der Annahme, dass mit einem solchen Ratgeber zugleich eine Normierung oder zumindest eine normartige Empfehlung verbunden ist. Weitere

Werke zur geschlechtergerechten Sprache wie das »Handbuch geschlechtergerechte Sprache«, das von den gleichen Autorinnen danach erschienen ist, oder die bereits erwähnte Darstellung des Themas in der 28. Auflage des Rechtschreibdudens vertiefen diese falsche Annahme.

Dass das Thema spätestens mit dem Standardwerk von Helga Kotthoff und Damaris Nübling in seiner ganzen Breite wissenschaftlich durchdrungen wurde, habe ich schon erwähnt. Zugleich haben in den letzten Jahren auch einige Grundsatzurteile, Gesetzesnovellen und Verordnungen die Diskussion angeheizt. Am 22. Dezember 2018 etwa trat eine Änderung des Personenstandsgesetzes in Kraft, nach der neben den Geschlechtsangaben »männlich« und »weiblich« auch »divers« ermöglicht wurde. Diese Gesetzesänderung ging auf ein Urteil des Bundesverfassungsgerichts aus dem Jahr 2017[49] zurück, nach dem bei intersexuellen Personen im Rahmen der damals geltenden Gesetzesfassung auch das Offenlassen dieser Angabe ermöglicht wurde. Seitdem ist es nicht nur notwendig, in Stellenanzeigen durch die Angabe »m/w/d« alle drei gesetzlich möglichen Geschlechtsangaben zu berücksichtigen, sondern die gesetzliche Regelung kann geradezu als eine Einladung dafür verstanden werden, die erstmals rechtlich festgeschriebene geschlechtliche Vielfalt nun auch sprachlich in angemessener Form zu erfassen, etwa durch den Genderstern.

Kurz nach dem Bundesverfassungsgericht erließ der Bundesgerichtshof ein Urteil[50], das sich mit dem generischen Maskulinum befasste, genauer mit der Frage, ob eine Sparkassenkundin Anspruch darauf hätte, in Vordrucken und Formularen in einer femininen Form angeredet zu werden (»Kundin«) oder nicht (»Kunde«). Der BGH entschied zugunsten des generischen Maskulinums, nachdem im Urteil durchaus die unterschiedlichen Sichtweisen auf dieses grammatische Problem betrachtet wurden. Trotzdem führte das Urteil zu einem großen Medienecho, wurde damit doch ein Problem »amtlich«, das in Tausenden von Formularen, Vordrucken und Behördenschreiben schlummert. Begrüßt wurde das Urteil aber nicht nur von denjenigen, die eine konsequentere Anwendung geschlechtergerechter Sprache ablehnen, sondern auch im Zusammenhang mit einem Bundesverfassungsgerichtsurteil kurz zuvor: Die Hoffnung ist, vom generischen Maskulinum sofort zu einer alle Geschlechter inkludierenden Anrede zu kommen, die etwa durch den Genderstern (»Kund*in«) zum Ausdruck gebracht werden könnte.[51]

In den gleichen Zeitraum fallen erste Beschlüsse von Stadtverwaltungen, Regelungen für eine geschlechtergerechte Sprachverwendung in den Schreiben an die Bürgerinnen und Bürger der Stadt zu erlassen. Zwar gab es derartige Regelungen schon in manchen anderen Verwaltungen, etwa in Hochschulen oder Ministerien, aber durch den Gebrauch in Stadtverwaltungen wurde damit auf einen Schlag eine viel größere Zahl von Menschen konfrontiert. Hannover führte entsprechende Regelungen, die auch den Genderstern betreffen, am 18. Januar 2019 ein,[52] es folgten unter anderem Dortmund[53] und Anfang 2020 Lübeck, wo man sich dafür entschied, statt auf den Genderstern auf den Doppelpunkt als Kennzeichnung geschlechtlicher Vielfalt zu setzen (»Kund:in«)[54]. Als erstes Bundesland beschloss Sachsen im Juli 2020, Gesetze und Verordnungen in geschlechtergerechter Sprache zu verfassen.[55]

Generisches Femininum in Gesetzestexten

In letzter Zeit hat sich das Thema der geschlechtergerechten Sprache somit noch einen neuen Bereich erschlossen: den der Gesetzessprache. Der Referentenentwurf eines »Gesetzes zur

Fortentwicklung des Sanierungs- und Insolvenzrechts«[56] war im September 2020 vom Bundesministerium für Justiz und Verbraucherschutz in einer Fassung vorgelegt worden, in der Personenbezeichnungen, die nicht *per se* wie etwa »Person« eine generische Bedeutung besitzen, konsequent die feminine Form aufweisen: »Geschäftsleiterin«, »Gläubigerin«, »Schuldnerin« und so weiter – zusammen mit Begründung, Erklärung und Änderungsgesetzen ein Text von insgesamt 247 Seiten. Auf Seite 110 heißt es lapidar: »Die Vorschriften des Gesetzentwurfs sind inhaltlich geschlechtsneutral und betreffen Frauen und Männer in gleicher Weise.« Im Text selbst ist erkennbar, dass viele der femininen Formen darauf zurückzuführen sind, dass es in einem Insolvenzgesetz nun einmal um Kapitalgesellschaften geht. In juristischer Diktion folgt dann auf »die Gesellschaft« etwa »die Schuldnerin« und später »sie«. Da aber auch von »Insolvenzverwalterinnen«, »Beraterinnen« und »Arbeitnehmerinnen« die Rede ist, kann man schließen, dass mit diesem Entwurf doch erstmals ein Gesetzestext vorgelegt wurde, der konsequent im generischen Femininum gehalten ist.

Dass der Entwurf Kritik auf sich ziehen würde, war absehbar. Die üblichen Vorwürfe gegen geschlechtergerechte Sprache griffen in diesem Fall jedoch nicht, denn dem Ministerium konnten diesmal weder eine Entstellung der deutschen Sprache noch »Worterfindungen«, wie es beim Genderstern oder anderen sprachlichen Neubildungen üblicherweise erfolgt, vorgeworfen werden. Entsprechend war in der Kritik auch von »Versagen«, »Lächerlichkeit« und »Trotzverhalten« der Justizministerin die Rede,[57] ohne dass die Sprache des Entwurfs mit sachlichen Argumenten beanstandet wurde. Mit dem Entwurf tritt nämlich eine ganz grundsätzliche Frage der sprachlichen Gerechtigkeit in den Vordergrund: Wenn in Gesetzen durch eine rechtliche Festlegung die maskuline Form von Personenbezeichnungen für alle Menschen gilt – zumindest bei solchen Bezeichnungen, die durch die Endung »-in« grundsätzlich auch in femininer Form verwendbar wären –, warum kann dann nicht eine solche Festlegung auch für die entsprechenden femininen Formen getroffen werden?

Aus juristischen Gründen steht dem nichts entgegen, wie der Rechtsanwalt Daniel Weiß in der FAZ dargelegt hat.[58] Interessant ist deshalb, dass der Bundesinnenminister bei seiner Kritik an dem Gesetzentwurf dann auch vorwiegend *sprachliche* Argumente ins Feld führt: Es gebe Regeln, die besagen, dass »das generische Maskulinum – also die Verwendung der männlichen Sprachform – anerkannt ist für Menschen von männlichem und weiblichem Geschlecht«. Das generische Femininum sei hingegen »zur Verwendung für weibliche und männliche Personen bislang sprachwissenschaftlich nicht anerkannt«.[59] Eine erstaunliche Verantwortung, die hier der Sprachwissenschaft zugebilligt wird!

Und so wird ein Ball auf das benachbarte Spielfeld der Sprachwissenschaft gekickt, der eigentlich auch auf dem des Rechts geflankt werden könnte. Die sprachwissenschaftliche Frage ist die nach den Grundlagen dessen, was das Generische am generischen Maskulinum ausmacht. Erwächst es aus dem Sprachsystem und ist somit sakrosankt, oder entspringt es einer Konvention und kann geändert werden? Beide Positionen werden mit Nachdruck vertreten.[60]

Dass sprachliche Konventionen selbst in Gesetzestexten aber einem beständigen Wandel unterzogen sind, zeigt sich etwa im Bürgerlichen Gesetzbuch, das am 1. Januar 1900 in Kraft getreten ist. Dort machte sich das Wirken des bereits erwähnten Allgemeinen deutschen Sprachvereins in der großen Zahl an Eindeutschungen bemerkbar. Hieß es in älteren Gesetzen noch »Exekution«, »Defizit« oder »Erbeslegitimationsattest«, ist nun von »Zwangsvollstreckung«, »Fehlbetrag« oder »Erbschein« die Rede.[61] Rechtstexte sind also nicht nur Gegenstand politischen Gestaltungswillens, wie die Juristin Anna Katharina Mangold im »Verfassungsblog« feststellt,[62] sondern »gestalten immer auch ihrerseits die gesellschaftliche und politische Wirklichkeit, nicht zuletzt sprachlich.«

Im Regierungsentwurf des Insolvenzgesetzes vom 14. Oktober 2020 waren die generischen Feminina wieder verschwunden. Der Entwurf hatte auf seinem Weg ins Bundeskabinett im Justizministerium inzwischen auch die Sprachprüfung durchlaufen, wofür im Referat IV A 6 das dort gepflegte »Handbuch zur Rechtsförmlichkeit« herangezogen wird.[63] Darin wird trotz verschiedener Empfehlungen, das »Mitmeinen« von Frauen durch geschlechtsneutrale Personenbezeichnungen zu umgehen, das generische Maskulinum als die herkömmliche Bezeichnungsweise genannt. Das generische Femininum hingegen sucht man vergeblich.[64]

Ist der Genderstern ein Rechtschreibfehler?

In der Kritik an der geschlechtergerechten Sprache wird gelegentlich darauf hingewiesen, dass mit den Empfehlungen öffentlicher Einrichtungen wie Stadtverwaltungen und Hochschulen eine regelwidrige Rechtschreibung propagiert wird – und dies, obwohl ausgerechnet diese Einrichtungen als Einzige überhaupt dazu verpflichtet sind, dem amtlichen Regelwerk zur deutschen Rechtschreibung zu folgen. Dieser Einwand ist durchaus berechtigt: Das derzeit gültige Regelwerk in der Fassung von 2016, zuletzt aktualisiert 2018,[65] sieht weder einen Genderstern vor noch überhaupt den Stern als ein in der deutschen Rechtschreibung irgendwo vorkommendes Zeichen. Gleiches gilt für den Unterstrich, den »Gender-Gap«. Besser sieht es nur für den in Lübeck verwendeten Doppelpunkt aus, doch auch dessen Verwendung ist bislang nicht innerhalb eines Wortes erlaubt.

Ich hatte bereits in der Einleitung geschildert, wie sich der Rat für deutsche Rechtschreibung im Herbst 2018 der Sache angenommen hatte – durch Vertagung. Die 40 Mitglieder des Rats aus den sieben deutschsprachigen Ländern und Regionen haben das Thema aber weiterhin im Blick und werden sich wohl bis zum Ende der laufenden Ratsperiode 2022 noch einmal damit befassen. Das erneute Aufflackern des Sprachkampfs um geschlechtergerechtes Deutsch ist vorprogrammiert, wofür das Interesse in Medien und Politik im Jahr 2018 (sogar die AfD versuchte damals auf die Entscheidung des Rats Einfluss zu nehmen[66]) einen Vorgeschmack geliefert hat.

Aber auch dabei ist ein gewaltiges Missverständnis zu verzeichnen: Der Rechtschreibrat entscheidet nicht über die »Einführung« geschlechtergerechter Schreibungen, es wird allenfalls darum gehen können, ob ein Stern oder andere Zeichen innerhalb von Wörtern auftreten dürfen. Das amtliche Regelwerk legt nämlich keineswegs fest, wie Sprache zu gebrauchen ist, ob geschlechtergerecht oder nicht, höflich oder unhöflich, in schlechtem oder guten Stil, in Drohbriefen, Gedichten oder Gesetzestexten. Es geht vielmehr darum, die Schreibung von Wörtern und die Zeichensetzung völlig unabhängig von ihrem tatsächlichen Gebrauch zu regeln. Bezüglich des Gendersterns stellt sich vor allem die Frage, ob und welche Zeichen innerhalb von Wörtern auftreten dürfen. Bislang sind dies der Bindestrich und der Schrägstrich (»Autor/-in«), nicht aber beispielsweise die ebenfalls gelegentlich verwendeten runden Klammern für Wortvarianten wie in »Autor(in)« oder eben der Stern. Genau genommen fehlt dem Regelwerk bislang ein Passus zu der wortinternen Zeichensetzung, und falls ein solcher entwickelt werden sollte, wird er sich am Usus zu orientieren haben, wie alles, über das der Rechtschreibrat entscheidet.

Es ist keineswegs ein Zufall, dass sich ausgerechnet die AfD zum Thema Genderstern anlässlich der besagten Sitzung des Rechtschreibrats geäußert hat, und das sogar durch den Parteivorsitzenden Jörg Meuthen höchstselbst. In der Pressemitteilung droht er damit, dass die AfD »dagegen mobil machen« werde:

> Es darf nicht sein, dass Gender-Gagaisten mit Geschlechterstern, Binnen-I, Gender-Gap und anderen absurden sprachpolitischen Vorschlägen unsere deutsche Sprache vergewaltigen. […] Wir werden nicht zulassen, dass die Verfechter einer vorgeblichen politischen Korrektheit unsere Muttersprache zugrunde richten und die Schönheit und Vielfalt unserer Sprache zerstören. […] Unter dem Deckmantel, die vorgebliche Diskriminierung von Frauen in der Sprache verhindern zu wollen, sollen durch solche Maßnahmen politische Ziele linksradikaler Ideologen auch sprachlich zementiert werden. Wir brauchen […] keinen Rat für deutsche Rechtschreibung, der als Handlanger politische Vorgaben aus Berlin im Duden verankert.

Als einzige der im Bundestag vertretenen Parteien verfolgt die AfD dezidiert sprachpolitische Zielsetzungen, die sie in ihrem Parteiprogramm in insgesamt 15 Punkten darlegt. Das Zitat von Jörg Meuthen lässt erahnen, warum die deutsche Sprache für diese Partei programmatisch so wichtig ist. Wir werden uns dies in einem der folgenden Kapitel noch genauer ansehen.

Aufrufe …

Die verschiedenen Ereignisse der Jahre 2017 und 2018 führten zu einer Aufladung des Kampfes um die geschlechtergerechte Sprache, die sich im Frühjahr 2019 nahezu zeitgleich in zwei großangelegten Gegenangriffen entlud. Es handelt sich um zwei Aufrufe, die von insgesamt mehr als 100 000 Personen online unterzeichnet wurden. Aufruf Nummer 1, »Schluss mit dem Gender-Unfug«[67], entstand im Umfeld des VDS und weist vier Erstunterzeichner auf: den Vorsitzenden des VDS Walter Krämer, den schon im Zusammenhang mit der Initiative »Deutsch ins Grundgesetz« erwähnten ehemaligen Lehrerfunktionär Josef Kraus, den Journalisten Wolf Schneider und die Schriftstellerin Monika Maron. Dass dieser Aufruf überdurchschnittlich oft von eher älteren Personen unterzeichnet wurde, lässt sich nicht nur aufgrund des Durchschnittsalters der vier Initiator*innen vermuten (78 Jahre im Jahr 2019), sondern auch durch die Inaugenscheinnahme der Liste der ersten 100 Unterzeichnenden, bei denen es sich ebenfalls häufig um bekanntere Persönlichkeiten handelt.

»Ein Aufruf zum Widerstand« nennt sich die Aktion selbst. Begründet wird sie mit vier Argumenten:

> Die sogenannte gendergerechte Sprache beruht erstens auf einem Generalirrtum, erzeugt zweitens eine Fülle lächerlicher Sprachgebilde und ist drittens konsequent gar nicht durchzuhalten. Und viertens ist sie auch kein Beitrag zur Besserstellung der Frau in der Gesellschaft.

Mit dem »Generalirrtum« ist die angebliche Behauptung einer festen Verbindung von Genus und Sexus gemeint, diese bestehe aber »absolut nicht«. Begründet wird dies mit »der Löwe«, »die Giraffe«, »das Pferd« und »das Weib«. Mit dem dritten Argument wird auf die Bildung intern gegenderter oder movierter Komposita Bezug genommen, hier »Bürgerinnen- und Bürgermeister« oder »Christinnentum«. Gerade diese Wörter werden in den verfügbaren Ratgebern sehr differenziert betrachtet, größtenteils wird sogar davon abgeraten, derartige Wörter abzuändern. Konsequentes wortinternes Gendern hingegen wird von niemandem empfohlen.

Dieser von der VDS geprägte öffentliche Aufruf ist innerhalb des Vereins durch die Arbeitsgemeinschaft »Gendersprache« flankiert.[68] Die seit 2017 bestehende AG wird seit März 2019 von der Kunsttherapeutin Sabine Mertens geleitet, die seitdem die ablehnende Position des VDS mit ansteigender Resonanz auch in die Medien trägt, etwa in Pro-und-Contra-Sendungen zum Thema geschlechtergerechte Sprache im öffentlich-rechtlichen Rundfunk[69] oder auch mehrfach als Gastautorin beim neurechten Blog »Achse des Guten«.[70] Auf ihrer Facebook-Seite kann man nachvollziehen, in welchem Zusammenhang ihre Auffassungen zur Sprache zu Themen wie Rassismus, Corona-Pandemie oder anderen aktuellen Themen stehen.[71] Auf der Webseite der Arbeitsgemeinschaft wird geschlechtergerechte Sprache im Zusammenhang mit dem Konzept des Gender-Mainstreaming kritisiert. Es müsse »Schluss gemacht« werden mit »sprachpädagogischen Übergriffen von oben, genderfokussierten Bildungs- und Erziehungsprogrammen, Gleichstellungs- bzw. Quotenpolitik und Gender-Budgeting«. Geschlechtsunterschiede seien »biologisch bzw. evolutionär begründet und müssen anerkannt, nicht ausgemerzt werden«, heißt es in der Programmatik der AG. Es müsse zudem die »Verleumdung von Gender-Gegnern als rechtsradikal, antifeministisch, homophob, rassistisch, antisozial, antidemokratisch, fremdenfeindlich und ewig gestrig« aufhören.

Gegnerinnen und Gegner der »Gendersprache« beteuern

immer wieder, dass sie nicht zugleich auch Gleichstellungsbestrebungen generell ablehnen würden. Vielmehr könne geschlechtergerechte Sprache in dieser Hinsicht nichts bewirken oder sei sogar kontraproduktiv. Die in der Selbstdarstellung der VDS-AG »Gendersprache« formulierte Ablehnung von Gender-Mainstreaming lässt sich mit dieser Position jedoch nur schwer in Einklang bringen. Das Konzept des Gender-Mainstreaming geht auf mehrere von den Vereinten Nationen seit den 1980er-Jahren durchgeführte Weltfrauenkonferenzen zurück, die sich keineswegs als der Ausgangspunkt für die Bemühungen zur geschlechtergerechten Sprache verstehen lassen. Beim Gender-Mainstreaming handelt es sich vielmehr um eine grundlegende gleichstellungspolitische Strategie, die sowohl auf der Ebene der EU[72] als auch auf nationaler Ebene unter anderem in Deutschland[73], Österreich[74] und der Schweiz[75] durch entsprechende Gesetzgebung festgeschrieben ist. Fragen der Sprachverwendung werden in den staatlichen Verlautbarungen zu diesem Thema nicht angesprochen. Die Ablehnung des Gender-Mainstreamings lässt sich somit nur schwer mit einer Befürwortung von Gleichstellungszielen in Einklang bringen. Vielleicht ist deshalb ja im Aufruf »Schluss mit dem Gender-Unfug« auch von »Besserstellung« die Rede. Wer bessergestellt wird, muss ja noch nicht gleichgestellt sein.

Aufruf Nummer 2, »Stop Gendersprache jetzt!«[76], hat ein nicht ganz so großes Echo in der Öffentlichkeit erzeugt wie der des VDS, was auch an seiner wesentlichen schärferen politischen Profilierung liegen mag. Initiatoren sind hier Anabel Schunke, Norbert Bolz, Reiner Kunze, Helmut Markwort, Frank Böckelmann, Lothar Kopp und Eckhard Kuhla, die, wie etwa Böckelmann, Bolz, Kuhla und Schunke, sehr viel deutlicher dem konservativen bis neurechten politischen Spektrum zugeordnet werden können.[77] Im Aufruf selbst werden geschlechtergerechte Sprache und Gender Mainstreaming rundheraus gleichgesetzt, »Umdeutungen« von Wörtern wie »Regenbogen« und »Ehe« kritisiert (wohl aufgrund ihres Gebrauchs in Wendungen wie »Regenbogen-Gesellschaft« oder »Ehe für alle«) und sogar Paarformeln wie »Bürgerinnen und Bürger« abgelehnt. »Gendersprech« sei undemokratisch heißt es weiter, denn: »Gefördert mit Steuergeldern, legen die rund 2.000 Büros für Gleichstellung, [sic] die Regeln für diese Kunstsprache fest. Eine Bürgerbeteiligung fand nicht statt.« Zudem schränke es die Redefreiheit ein: »Der Bürger« könne »häufig nicht frei sprechen«, »nicht korrektes Gendern« könne »negative Folgen für den Bürger nach sich ziehen«. Deshalb klafften staatliches Handeln und Bürgerwille weit auseinander. »Folge: ein hohes Empörungpotential [sic] vieler Bürger. Wir wollen dem Bürger endlich eine Stimme geben.« Schließlich wird behauptet, dass man inzwischen sogar mit »einem Duden ›Richtig gendern‹« »zur politischen Korrektheit erzogen werden« soll. Eine »Schreib- und Sprach- und Denkwillkür« drohe. – Warum »Denkwillkür« etwas Schlechtes ist, wird leider nicht erläutert.

Derartig grobschlächtigen Begründungen kann man natürlich nur schwer mit Argumenten entgegentreten – man sollte es aber zumindest versuchen. Von den vielen Falschbehauptungen (und Rechtschreibfehlern) abgesehen muss man beispielsweise darauf verweisen, dass eine historische Argumentation sehr oft nicht sticht: Ob es nun das generische Maskulinum ist, das historisch nur sehr schwer nachzuweisen ist, inkriminierte Wörter wie »Vorständin«, die regulär wie »Rätin« gebildet sind, sogar die kuriose »Gästin«[78], die sich schon im Deutschen Wörterbuch der Brüder Grimm findet (zusammen mit der »Lieblingin«[79]) oder die Paarformeln[80], die schon in Texten des 18. Jahrhunderts, die »Studirenden«[81], die sogar in denen des 17. Jahrhunderts verwendet wurden.[82]

… und Umfragen

Auch bei den Umfragen, die den gern zitierten »Volkswillen« belegen sollen, ist das Bild weit weniger klar, als es vermittelt wird. Wenn man, wie im Auftrag des VDS durch das Marktforschungsinstitut Insa geschehen,[83] danach fragt, »wie wichtig oder unwichtig […] gendergerechte Sprache für die Gleichstellung der Frau« sei, erhält man als Antwort eine Einschätzung der Wirksamkeit sprachlicher Maßnahmen für die Gleichstellung, nicht aber eine Meinung zu geschlechtergerechter Sprache als solcher. Man kann nämlich geschlechtergerechten Sprachgebrauch durchaus als erwünscht ansehen, ohne ihn zugleich für die gesellschaftliche Gleichstellung von zentraler Wichtigkeit zu halten. Vermutlich gilt das sogar für die Mehrheit seiner Verfechterinnen und Verfechter.

Astrid Adler und Albrecht Plewnia vom Leibniz-Institut für Deutsche Sprache konnten in einer repräsentativen Stichprobenbefragung beim Sozioökonomischen Panel feststellen, dass die Akzeptanz geschlechtergerechter Personenbezeichnung stark ansteigt, wenn man reale Formulierungsvarianten zur Auswahl vorschlägt, anstatt Meinungen abzufragen. Viele Frauen wollen sich eben nicht so gern mit »Lieber Wähler« ansprechen lassen – und viele Männer wollen Frauen so nicht ansprechen. Insgesamt entfallen bei dieser Befragungsmethodik 79,5 Prozent der Antworten auf geschlechter- bzw. gendergerechte Formulierungen im engeren Sinne und nur 17 Prozent auf das generische Maskulinum.[84]

Die beiden Aufrufe waren zwar erfolgreich, führten aber nur zu einem recht durchwachsenen Presseecho. Die Schriftstellerinnen Sibylle Lewitscharoff und Katja Lange-Müller fühlten sich bemüßigt, in der Welt[85] und im Tagesspiegel[86] erklären zu müssen, warum sie den Aufruf unterschrieben haben. Beide führen aus, dass geschlechtergerechte Sprache nicht zur Gleichstellung beitrage, Lewitscharoff vernimmt darüber hinaus »einen unangenehmen Geruch«, spricht wenig argumentativ von »idiotisch«, »verhässlicht« und der »Raserei«, in die sie Gendersterne versetzen, bevor sie feststellt, dass »gendergerecht flirten« nicht funktioniere. Katja Lange-Müller verweist auf das generische Maskulinum und die angebliche Unabhängigkeit von Genus und Sexus. In der Süddeutschen Zeitung spricht Jan Schloemann[87] von einer »trüben Gesellschaft«, in die sich die Unterzeichnenden begeben hätten, und verortet den Aufruf »im Dunstkreis der AfD«. Über den Gegenstand selbst solle man »besser mit Wohlwollen und Umsicht diskutieren, anstatt sich an die Fronten der Fanatiker zu begeben«.

Der bereits erwähnte Linguist Anatol Stefanowitsch erkennt bei einem Gespräch mit dem Deutschlandfunk[88] in dem Aufruf die Absicht, dass auf dem »Schlachtfeld der Sprache ein Kulturkampf ausgefochten werden« solle. Das Politik-Magazin Cicero macht ein »Duell der Diskurs-Sheriffs«[89] aus und verweist auf einen Beitrag im Blog von Welt-Herausgeber Thomas Schmid[90], der eine »links-grüne« Avantgarde identifiziert, die den »muffigen Wind der Unfreiheit, des geistigen Zwangs und einer unbelehrbaren Engstirnigkeit«, der an den deutschen Hochschulen wehe, »der Mehrheit [der Bevölkerung] aufzwingen« wolle, »Sprachpolizisten« halt, »Erziehungsdiktatoren«.

Natürlich steigen auch neurechte Blogs in das Thema ein: Auf »Tichys Einblick«[91] bejubelt Josef Kraus, ohne sich als Mitinitiator zu erkennen zu geben, den Erfolg des Aufrufs und freut sich sichtlich, beim ideologischen Gegner einige empfindliche Wirkungstreffer gelandet zu haben. In einem weiteren Artikel bewirbt das Nachrichtenportal den Aufruf sogar offen mit einem redaktionellen Beitrag und begründet dies, in bizarrer

Verkehrung des berühmten Ausspruchs von Hanns-Joachim Friedrichs so:

> Tichys Einblick ist kein Aktions-Portal, und als Journalisten machen wir uns mit keiner Sache gemein, auch nicht mit einer guten. Von dieser Regel weichen wir hier ab, weil die Qualität unserer Sprache Bedingung der Qualität unseres Sprechens, Schreibens und Denkens ist [...]. Wir stemmen uns dagegen, dass die Sprache häßlich [sic], die Formulierung unverständlich, das Wort unaussprechlich und das Denken manipuliert wird.

Und auf der unvermeidlichen »Achse des Guten«[92] meint Alexander Wendt den eigentlichen Kampf zu erkennen, der sich hier vollziehe:

> Freiwillig benutzt diesen Jargon außerhalb eines sehr überschaubaren Milieus niemand. Er muss also anderen aufgezwungen werden. Es geht nicht um Sprache, sondern um Macht. Die Durchsetzung der Gendersprache ist für die Linksautoritären ein Akt zur Dressur des Bürgers.

Anne Will gendert und Claus Kleber auch

Ein gutes Jahr später, noch mitten im ersten Corona-Shutdown, setzt sich die »linksautoritäre Dressur« sogar in den »Staatsmedien« fort. Zwar hatte Claus Kleber noch 2019 im »heute-journal« in affirmativer Ironie einen Beitrag zu dem VDS-Aufruf anmoderiert, ein gutes Jahr später jedoch spricht er in einem Beitrag zur Wahl der neuen Wehrbeauftragten der Bundesregierung von »Soldat-innen«, während auf der Einblendung im Hintergrund »Wehrbeauftragte*r« zu lesen ist.[93] Und nur wenige Tage später ist bei ihm von »Korrespondent-innen« die Rede.[94]

Kurz zuvor hatte bereits Anne Will bekundet, dass sie in ihrer Talkshow in gesprochener Sprache gendert. Die Verwunderung war groß, die Reaktionen erwartungsgemäß vielfältig, aber anders als 2019 scheint sich 2020 doch eine gewisse Gelassenheit im Umgang mit dem Thema zu entfalten. Geli Tangermann hält in der »Welt«[95] die »Aufregung« für »undemokratisch« und warnt davor, sofort das Schreckensbild einer »Sprachdiktatur« heraufzubeschwören. Auch die geschlechtergerechte Sprache entwickele sich in einem »Prozess, der von uns allen vorangetrieben wird, die wir Sprache benutzen. Streiten ist Teil davon.« Inzwischen haben sich sogar Radiosender wie die RBB-Jugendwelle »Fritz« dazu entschlossen, in Nachrichtensendungen sprechsprachlich zu gendern.[96] Die Journalistin Christine Olderdissen, beim Journalistinnenbund zuständig für das Projekt »Genderleicht«, stellt eine generelle Veränderung in den Redaktionen fest: »Es ist der journalistische Nachwuchs, der geschlechtergerechte Sprache im Praktikum und Volontariat und als junge Redakteurinnen und Redakteure in die Medienhäuser trägt.«[97]

Liane Bednarz befindet im Spiegel,[98] dass es Zeit sei, »den Komplex ›Gendersprache‹ wie überhaupt das Oberthema ›Gender‹ differenzierter« und besonnener zu betrachten. »Vor allem auch deshalb, weil ›Gender‹ neben der angeblichen ›Islamisierung‹ das Scharnierthema schlechthin zwischen Konservativen und Rechten« sei. »Sprache wandelt sich«, schreibt sie weiter.

> Solange niemand Vorgaben erhält, Gendersprache zu benutzen, gibt es kein Problem. Es ist daher albern, [...] von ›moralischem Druck‹, ›modischem Zeitgeist‹, ›Opportunismus‹, ›Sprachmanipulation‹ und ›Sieg einer politischen Ideologie‹ zu reden.

Tatsächlich sei gegenderte Sprache eher ein Ausdruck eines neuen Selbstbewusstseins von Frauen und nicht »Umerziehung«:

> Wer gendern möchte, soll es tun. Wer es ablehnt, möge sprechen und schreiben wie bisher. Wie sich das alles entwickelt, wird man in den nächsten Jahren und Jahrzehnten sehen.

Und auch eine jüngere Journalistin wie Maxi Beigang begibt sich nicht in die linguistischen Details der Kontroverse, sondern verweist in der Berliner Zeitung darauf, dass Sprache nun einmal ein Machtinstrument sei und dieses nicht ausgerechnet an dieser für Frauen wichtigen Stelle aus der Hand gegeben werden sollte.[99] Luise Pusch, eine der Begründerinnen der Feministischen Linguistik, hebt hervor, dass dieses Anliegen keineswegs durch eine »Sprachpolizei« umgesetzt werde, sondern durch die vielen Frauen und Männer, die mittlerweile ganz selbstverständlich geschlechtergerechte Personenbezeichnungen verwenden, auch in gesprochener Sprache öffentlich wie neuerdings immer wieder auch von vielen Gästen in der Talkshow »Anne Will«.[100]

Wenn nicht immer wieder aufs Neue die alten Positionen in die Diskussion eingebracht würden, könnte man fast meinen, das Pro und Contra würde sich beruhigen und einer sachlicheren Betrachtung Platz machen. Dass solche Entwicklungen aber nicht von Dauer sind, dafür sorgt mit großem Verlass der VDS.

4 EIN KAMPFVERBAND: DER »VEREIN DEUTSCHE SPRACHE«

Wenn man Germanistik studiert hat und in der Sprachwissenschaft arbeitet, kommt man mit dem Verein Deutsche Sprache (VDS) nicht sehr oft in Kontakt. Nur von Ferne nimmt man die verschiedenen Aktionen des Vereins als ein Hintergrundrauschen wahr, das es in dieser oder ähnlicher Form auch bei anderen wissenschaftlichen Disziplinen gibt. Ob nun der ADAC für den Verkehrswissenschaftler, der Verband kritischer Kleinaktionäre für die Betriebswirtin oder der VDS für den Linguisten – es gibt für eine Wissenschaftlerin oder einen Wissenschaftler zumeist wenig Anlass, sich mit derartigen Vereinen näher zu befassen. Allerdings sollte man wissen, dass sie sehr einflussreich sein können.

Eine Beilage in »Forschung & Lehre«

Für mich selbst endete dieses Nichtverhältnis zum VDS nicht erst am Leibniz-Institut für Deutsche Sprache als einem der sprachpolitischen Akteure, der sich mit diesem Verein auseinanderzusetzen hat, sondern bereits im Sommer 2016. Anfang Juli jenen Jahres war eine neue Ausgabe von »Forschung & Lehre« erschienen, einer Zeitschrift, die vom Deutschen Hochschulverband in einer Auflage von mehr als 30 000 Exemplaren herausgegeben wird.[101] Beim Hochschulverband handelt es sich um den Berufsverband der deutschen Uni-Professorinnen und -Professoren. »Forschung & Lehre« ist deren Verbandszeitschrift und als solche ein gediegen aufgemachtes, seriöses und vor allem informatives Fachorgan zu allen möglichen Fragen von Wissenschaft, Forschung, Lehre, Wissenschaftspolitik und Recht. Beim Aufschlagen der Juli-Ausgabe der Zeitschrift fiel den Mitgliedern des Hochschulverbands eine Werbebeilage des VDS in die Hände. Es handelte sich um die aktuelle Nummer der »VDS-Sprachnachrichten« (Nr. 70), in der dieser Verein seine Sicht auf die sprachliche Welt und darüber hinaus verkündet.[102]

Ob es eine so gute Idee war, der »Forschung & Lehre« ein Exemplar der »Sprachnachrichten« als Werbung beizulegen, hätten sich die Herausgeber bei einem Blick in die Leserbriefe dieser Ausgabe (S. 24/25) zu den häufig hochpolitischen Artikeln früherer Ausgaben fragen können. Da kritisieren einige VDS-Mitglieder die Verwendung von Wörtern wie »Wahrheitsverschleierungsrhetorik«, »Völkerwanderung«, »Genderwahn«, »Sprachimperialismus« und »Lügenmedien« in der vorherigen Ausgabe des Mitteilungsblatts und fordern, dass der VDS nicht »zu einer nationalkonservativen und AfD-nahen ›Fruchtbringenden Gesellschaft' […] mutieren« darf. Deutschland brauche keinen »Verein, der im Kampf für die deutsche Sprache […] den Rechtspopulisten und Nationalisten […] in die Hände spielt.« Ein anderer Leserbriefschreiber kritisiert die Verwendung des Begriffs »Obrigkeitsstaat« und stellt fest: »[… R]aunend eine Verschwörungsvermutung anklingen zu lassen, stößt ins Horn eines populistischen Deutungsschemas, wie es die AfD gerade propagiert«. Eine Leserin beklagt im Zusammenhang mit einem früheren Artikel zur »Gendersprache« das Fehlen eines »sachlichen Diskurses«, »in dem kompetente Fachleute, sowohl Frauen als auch Männer, zu Wort kommen, in dem tatsächlich die linguistischen und sozialen Hintergründe beleuchtet werden.« Weitere Leserbriefschreiber kritisieren einzelne Artikel als »allgemeine Angstmache« oder als geschrieben in einem »extrem schlechten manipulativen Stil« in der »Rhetorik der Pegida«. Diese hier *vereinsintern* vorgebrachte Kritik an einem zunehmenden sprachlich befeuerten Nationalismus und dem Abdriften in rechtspopulistische Positionen weist der Verein seit Langem gegenüber *externer* Kritik mit Vehemenz zurück. Ausgerechnet eine Ausgabe, in der sich solche Leserbriefe finden lassen, als Werbung zu verbreiten, muss wohl als mittelschwerer Betriebsunfall gewertet werden.

Für eine Gruppe von 36 Professorinnen und Professoren, zu der ich selbst auch gehörte, war dies aber nicht der einzige Grund, warum sie einen offenen Brief unterzeichneten, der von Thomas Niehr, einem germanistischen Sprachwissenschaftler an der Rheinisch-Westfälischen Technischen Hochschule in Aachen, verfasst worden war. Der eigentliche Grund war die Wissenschaftsfeindlichkeit, die die »Sprachnachrichten Nr. 70« durchzieht. An verschiedenen Stellen wird darin etwa beklagt, dass die Linguistik nicht normativ und sprachplanerisch arbeiten würde. So heißt es in den »Thesen zum Stand der deutschen Sprache«, dass

> empirische und deskriptive Objektivität [...] nicht als Ausrede für szientifischen oder sprachpolitischen Nihilismus dienen [dürfen]. Die deutsche Sprache ist nicht nur Gegenstand der germanistischen Linguistik, sondern muss auch Gegenstand ihrer sprachpolitischen Sorge und ihres kulturpolitischen Interesses sein.

Anders formuliert besagt dieser Passus, dass jemand, der in der Sprachwissenschaft datenbasiert arbeitet, einem solchen »szientifischen oder sprachpolitischen« Nihilismus anheimgefallen ist, wenn er sich nicht aktiv sprachpflegerisch betätigt.

Der Höhepunkt antiwissenschaftlicher Kritik wird allerdings in dem Beitrag des schon erwähnten Publizisten Wolf Schneider erreicht. Er befasst sich in seiner Kolumne »Schneiders Ecke« mit dem Grammatik-Duden, der seit Jahrzehnten von renommierten germanistischen Linguistinnen und Linguisten in immer neuen, an den aktuellen Forschungsstand angepassten Ausgaben verfasst wird. In seinem Beitrag erregt er sich darüber, dass in diesem Duden für einen Satz, der mit »der die das« beginnt, eine grammatisch korrekte Deutung angegeben wird. Damit werde der Grammatik von den »hochnäsigen Verfassern« ein »Hochaltar« errichtet, anstatt diesen Satz so umzuformulieren, wie es Wolf Schneider selbst auf der Henri-Nannen-Schule seinen journalistischen Adepten beigebracht hätte. Der »Urzweck der Sprache« werde dadurch »auf den Müll geworfen: die Kommunikation«. Schuld daran ist die akademische Linguistik, die nicht präskriptiv sein will, sondern deskriptiv. Schneiders Kolumne trieft nur so vor Wissenschaftsfeindlichkeit – was sich leider auch in der (Un)logik Schneiders eigener Argumentation bemerkbar macht.

Sehr erfreut war der Hochschulverband nicht über die in dem offenen Brief geäußerte Kritik seiner Mitglieder. Nach einigem Hin und Her sagte er jedoch zu, seiner Zeitschrift derartige Werbematerialien zukünftig nicht mehr beilegen zu wollen. Auch der Deutschlandfunk hatte inzwischen über die Sache berichtet[103] und schließlich sogar die dpa[104], nachdem sich der Medienlinguist Stefan Niggemeier auf uebermedien.de mit der »Pegidahaftigkeit« des VDS in seinen »Sprachnachrichten« befasst hatte.[105]

Der VDS legt nach

Damit war die Geschichte für mich aber keineswegs vorbei. Ich hatte sie nämlich in dem Beitrag »Sprach-Pegida und der Deutsche Hochschulverband« auf meinem Blog »Die Engelbart-Galaxis« erzählt[106] und im Titel mit dem Wort »Pegida« dabei eine Kritik aufgegriffen, die in einem der Leserbriefe der betroffenen Ausgabe selbst geäußert worden war. Das kam nicht gut an. Zunächst waren es die Mitglieder des Vereins, die von ihrem Vorsitzenden Walter Krämer per Rundmail aufgefordert worden waren, »den Verleumdern ihre Meinung zu sagen«. Hunderte von zum Teil ausfälligen Kommentaren auf meinem Blog und ebenso viele Mails gingen daraufhin in meinem Postfach ein – ein veritables Exkrementegewitter, um den geläufigeren Anglizismus zu vermeiden. Der Verein kann offensichtlich schnell ziemlich viele Menschen mobilisieren.

In der Herbst-Ausgabe 2016 befassten sich dann die »Sprachnachrichten« auf mehreren Seiten mit dieser Sache, um sie zugleich als völlig marginal und unbedeutend darzustellen.[107] »Linguisten blamieren sich mit Protestaktion«, heißt es dazu schon auf der Titelseite. Ganz so blamabel und vor allem: ganz so wirkungslos, wie es weiter hinten im Blatt von der Redaktion dargestellt wird, war die Aktion, wie erwähnt, keineswegs. In den Artikeln selbst wird der Eindruck erweckt, dass die Populismusvorwürfe aus der Luft gegriffen wären und nicht etwa auf Aussagen basieren, die mit Zitaten aus den »Sprachnachrichten« belegbar sind: Da gibt es etwa neben dem bereits Zitierten die Bemerkungen des Vorsitzenden Krämer zu den »Lügenmedien« und verquere Überlegungen zum Wort »Neger« zur Bezeichnung »dieser braunen Menschen« in einem Leserbrief. Ich selbst hatte ja in meinem Blog die in Leserbriefen geäußerte Kritik an solchen und anderen Entgleisungen angeführt.

Besonders unschön wird es schließlich an den Stellen der »Sprachnachrichten«, an denen die Wissenschaftlerinnen und Wissenschaftler, die es gewagt hatten, beim DHV gegen die Werbeaktion des VDS zu protestieren, sogar zu Fällen für die Psychiatrie erklärt werden.[108]

Was für ein Verein ist der VDS?

Was ist das für ein Verein, dieser »Verein Deutsche Sprache«? Beim Blick auf seine Webseiten oder in andere Ausgaben der »Sprachnachrichten« wird schnell klar, dass es ihm keineswegs nur darum geht, den Austausch zwischen Fans der deutschen Sprache zu organisieren. Der Verein hat sich sprachpolitische Ziele gesetzt, die in der Satzung niedergelegt sind:

> Der Verein verfolgt das Ziel, die deutsche Sprache als eigenständige Kultursprache zu erhalten und zu fördern. Er widersetzt sich insbesondere der fortschreitenden Anglisierung des Deutschen und der Verdrängung der deutschen Sprache aus immer mehr Bereichen des modernen Lebens. Er will bewirken, dass Deutsch als vollwertige Wissenschaftssprache erhalten bleibt und als Arbeitssprache in internationalen Organisationen den ihm gebührenden Rang erhält.[109]

Diese Zielsetzung will er durch Maßnahmen wie

> Vortragsveranstaltungen, Anzeigen und Artikel in der Presse, Erarbeitung von Übersetzungshilfen, Wahl des ›Sprachpanschers des Jahres‹, Aufrufe an die Medien, an Firmen, Parteien und Personen des öffentlichen Lebens

erreichen. Der VDS hat sich damit zu einem eigenständigen sprachpolitischen Akteur erklärt.

Walter Krämer[110] war kein Unbekannter, als der VDS 1997 von ihm gegründet wurde. Selbst Statistik-Professor an der Technischen Universität Dortmund, hatte er bereits in den 1990er-Jahren eine Reihe von erfolgreichen populären Sachbüchern vorgelegt, etwa »So lügt man mit Statistik«, »Denkste! Trugschlüsse aus der Welt der Zahlen« und, gemeinsam mit Götz Trenkler, den Bestseller »Lexikon der populären Irrtümer«. Auch in überregionalen Tages- und Wochenzeitungen war er bereits präsent. Bei der Gründung des Vereins unter dem Namen »Verein zur Wahrung der deutschen Sprache« gab es also eine publizistische Grundlage, die sich mit dem Namen Krämer verband und die an der raschen Bekanntheit des Vereins maßgeblichen Anteil hatte.

Das sprachpolitische Anliegen des Vereins wird auf seinen Webseiten deutlich markiert.[111] Monatelang herausgestellt wird etwa die Jahr für Jahr zelebrierte »Sprachpanscher«-Wahl, bei der es um Institutionen oder Personen geht, die sich nach Ansicht der Vereinsmitglieder am meisten durch die Verwendung von Anglizismen an der deutschen Sprache versündigt haben. Auch der Aufruf »Schluss mit dem Gender-Unfug« ist noch nach fast zwei Jahren großflächig auf der Einstiegsseite präsent. Erweitert wurde dieser inzwischen unter dem Titel »Mutige Studenten gesucht« um eine Initiative, in der Musterprozesse von Studierenden gefördert werden, die durch die Anforderung, in Seminararbeiten geschlechtergerechte Sprache zu verwenden, Nachteile erlitten hätten. Wie Krämer jedoch in der »Welt am Sonntag« zugibt, hatte diese Aktion bislang keinen Erfolg, »der Sinn für zivilen Ungehorsam« sei »unterentwickelt«.[112]

In verschiedenen Rubriken werden weitere Ziele aufgegriffen: »Deutsch ins Grundgesetz«, die Veranstaltung des »Tages der deutschen Sprache« oder der »Anglizismenindex«.

Letzterer bietet eine grobe Kategorisierung von Anglizismen als »ergänzend«, »differenzierend« und »verdrängend«, welche mit einer grün-gelb-roten Kennzeichnung versehen sind. Bereits 2013 hat Karl-Heinz Göttert darauf hingewiesen, dass dieser Index weit hinter dem Stand zurückbleibt, der in der neueren Fremdwortforschung erreicht ist und der längst ein differenziertes Instrumentarium dafür bereithält, dieses für die Sprachentwicklung konstitutive Gebiet in geeigneter Weise zu behandeln.[113]

Daneben wird auf eine Webseite verwiesen, auf der 100 »bekannte Mitglieder« aufgelistet werden, zehn davon Frauen, 14 bereits verstorben. Es handelt sich um eine kuriose Riege von Politikern, Künstlern, Showgrößen, Medienpersönlichkeiten und einigen Professoren, zu der etwa Waldemar Hartmann, Otto von Habsburg, Dieter Hallervorden, Ottmar Hitzfeld, Matthias Matussek, Bastian Sick, Dieter Wedel oder Harald Weinrich zählen. Daneben finden sich auch eine ganze Reihe von Namen aus dem oftmals als »neurechts« bezeichneten politischen Sektor wie Peter Hahne, Thomas Hoof, Vera Lengsfeld, Max Otte, Uwe Steimle oder Cora Stephan.

Der VDS hält sich viel auf seine Internationalität zugute. Sogar in der Unterzeile seines Logos bezeichnet er sich als »weltweites Netz der deutschen Sprache«. Ein Fünftel der Mitglieder seien »Freunde der deutschen Sprache aus Asien oder Afrika«.[114] In den »Sprachnachrichten« findet sich die Rubrik »Deutsch im Ausland«, und im Vorstand ist mit Roland Duhamel ein emeritierter Germanistik-Professor aus (dem offiziell auch deutschsprachigen) Belgien vertreten. Trotzdem scheint sich die Internationalität der deutschen Sprache nicht auf den gesamten deutschsprachigen Raum mit den sechs weiteren Ländern zu beziehen, in denen das Deutsche Amtssprache ist: Das Logo des VDS ist in schwarz-rot-gold gehalten, den

Farben der deutschen Bundesflagge. Regionalvertretungen in Österreich, Bozen-Südtirol oder Liechtenstein gibt es nicht, in der Schweiz und in Luxemburg wiederum sind zwei deutsche Arbeitsmigranten für den VDS genannt.[115]

Der Brief eines Wütenden

In immer neuen Aktionen werden die Anliegen des Vereins in die Öffentlichkeit getragen, oft auch direkt in Gremien oder Parlamente. 2020 etwa waren es die Mitglieder der Rundfunkräte sämtlicher öffentlich-rechtlicher Sender in Deutschland, etwa 500 Personen, die angeschrieben wurden.[116] Krämer selbst kritisiert in seinem Brief die immer häufiger zu verzeichnende Praxis, in der gesprochenen Sprache durch Einfügung eines sogenannten »Glottisschlags« Personenbezeichnungen zu gendern (»Bürger-innen«), und fordert die Rundfunkräte auf, dies in ihren Sendern zu unterbinden. Der wortinterne Glottisschlag widerspreche den Regeln der deutschen Rechtschreibung (was für die gesprochene Sprache einen sehr überraschenden Kritikpunkt darstellt), der Rat für deutsche Rechtschreibung habe sich bereits gegen das Gendern ausgesprochen (was weder korrekt noch dessen Aufgabe ist) und überdies seien »maskuline Personenbezeichnungen […] grundsätzlich generisch, wie wissenschaftliche Grammatiken des Deutschen […] klar belegen« – eine rundheraus falsche Aussage. Schließlich bringt er noch ein Gerechtigkeitsargument vor: Männer könnten beim sprechsprachlichen Gendern überhört werden, was ungerecht sei, schließlich seien sie etwa die Hälfte der Beitragszahlenden des öffentlich-rechtlichen Rundfunks. Nur am Rande sei erwähnt, dass an anderer Stelle von Krämer verwendete Sprachbeispiele wie Belege für das Gegenteil wirken, etwa die Verwendung des Wortes »Bäckerinnung«[117], das in der Mitte genau den glottalen

Knacklaut enthält (»Bäcker-Innung«), der bei »Bäcker-Innen« angeblich so unaussprechlich ist.

Was treibt Krämer an? Seine an verschiedenen Stellen publizierten Beiträge wirken wie in größter Wut geschrieben, wenn er Binnen-I und Genderstern als »wahre Pest«, »sprachliches Krebsgeschwür« oder »Verstümmelung« bezeichnet[118] und dabei die naheliegende Frage in Kauf nimmt, wie man dann die menschlichen Verursacher dieser Plagen bezeichnen soll. Als Ratten, Mutationen oder Folterknechte? Und wie ist mit diesen zu verfahren? Bei »Genderterroristen« jedenfalls, wie er Leute, die den Genderstern propagieren, ausgerechnet in einem Gespräch mit dem berüchtigten russischen Propagandasender »RT Deutsch« bezeichnet[119], sollten alle Mittel recht sein, um diese effektiv auszuschalten.

Nicht aber aus den Begründungen derartiger Aktionen und Initiativen, die Krämer vorantreibt, sind seine Beweggründe zu erkennen, sondern aus den vielen Artikeln und Interviews, mit denen er seine Spur zieht. Es ist das klassische politische Lagerdenken, aus dem er seine Energie bezieht. In einem Interview zu gesundheitspolitischen Themen[120] mit der »Jungen Freiheit« spricht er immer wieder von einer »rot-grünen Medienmafia«, einer »rot-grünen Weltverbesserungsideologie« und »grüner Propaganda«, durch die das Land geprägt werde. »Unsere Medien [sind] zu etwa zwei Dritteln mit rot-grün orientierten Journalisten besetzt«, behauptet er in dem Gespräch, und dass es »bei den Öffentlich-Rechtlichen […] sogar eher mehr« seien. Man fühlt sich ein Vierteljahrhundert zurückversetzt weiland in Zeiten einer Regierung Schröder/Fischer, wenn man das liest.

Auch beim Wutthema Sprache tritt in derartigen Beiträgen seine politische Motivation deutlich hervor. Eine »verbohrte Ideologenclique« überziehe mit ihrem »Sprachterror« ganze Stadtverwaltungen und Universitäten, schreibt er etwa in einem »Cicero«-Artikel.[121] Wenn »die rot-rot-grüne Regierung in Berlin die [...] Wahlen haushoch verliert«, so Krämer an anderer Stelle[122], dann habe sie das eben auch ihrer Sprachpolitik zuzuschreiben. Ihm kämen die Eingriffe in die Sprache wie Versuche vor, eine »Rolex mit Hammer und Meißel (oder besser: Hammer und Sichel) auf Vordermann zu bringen«. Natürlich könne sich »jedes Gemeinwesen einen gewissen Prozentsatz ideologisch verblendeter Zwangsbeglücker leisten«, heißt es in einem ganz besonders aufschlussreichen Artikel im »PT-Magazin.[123]

> Aber bei uns arbeiten die alle bei ARD und ZDF. Und so fühlt sich jeder selbstständig Denkende schnell an den rechten Rand gedrängt. Da will aber keiner hin, und so kommt es, dass sich eine ganze Republik von ein paar Dutzend durchgeknallten Geschlechtsneurotikern wie ein Bär am Nasenring durch die Manege ziehen lässt.

Gelegentlich verbindet er seine offenbar einzig richtige, weil mit Verstand gesegnete politische Gesinnung sogar mit der Überzeugung, diese aufgrund günstiger genetischer Umstände erlangt zu haben:

> Wieso bleiben selbst Menschen mit einer guten Note im Deutschabitur gegenüber der Wahrheit blind, dass biologisches und grammatisches Geschlecht zwei völlig verschiedene Dinge sind? Ich glaube, es sind die Gene. Unsere Vorfahren im Urwald konnten nur als Mitglied einer Herde überleben. Außenseiter waren sehr schnell tot. So breitete sich das »Anpassen-an-die-Mehrheit-Gen« rapide aus.[124]

Der wütende Herr Krämer gehört natürlich zu denjenigen, denen jene Anpassung fernliegt, die verstehen, was eigentlich los ist und die alle noch nicht Aufgewachten, Sehenden für rückgratlos und dumm halten dürfen. Diese Haltung zusammen mit seiner Wut gegen alles, was er für »rot-grün« hält, ist die Triebkraft seiner Polemik – und der Motor der Radikalisierung seines gesamten Vereins.

Krämers Wüten bleibt jedoch nicht immer folgenlos. Öffentliches Aufsehen erregte erst im November 2020 die bekannte Kinderbuchautorin Kirsten Boie, als sie den »Elbschwanenorden« ablehnte. Es handelt sich dabei um einen Sprachpreis, den die Hamburger Regionalgruppe des VDS seit 2005 an Personen vergibt, die sich »um Pflege und Förderung der deutschen Sprache verdient gemacht haben«[125]. Kurz vor der Preisverleihung erklärte die Autorin, dass sie wegen der »rechtspopulistischen Äußerungen« des VDS-Bundesvorsitzenden Krämer den Preis ablehnen wolle. Wie der »Tagesspiegel« berichtet, kritisiert sie in ihrem Absagebrief an den Verein »Krämers Gerede von den ›Lügenmedien‹, vom ›aktuellen Meinungsterror unserer weitgehend linksgestrickten Lügenpresse‹, von der ›Überfremdung der deutschen Sprache‹, vom ›Genderwahn‹ «. Sie selbst wird zitiert mit der Aussage: »Aber mehr noch als die verkürzte und realitätsfremde Vorstellung von Sprache, die sich in vielen Äußerungen zeigt, erschreckt mich, wie genau sie sich ausgerechnet in einer Zeit, in der wir mit Sorge einen Rechtsruck in Teilen der Bevölkerung beobachten müssen, in deren Argumentationsgänge einfügt«.[126] »Das ist kein Verein, von dem ich einen Preis annehmen möchte«, heißt es an anderer Stelle.[127]

Wie der Verein bestätigt, handelt es sich bei den von Boie kritisierten Formulierungen um korrekt zitierte Äußerungen Krämers.[128] Anstatt jedoch zu der Kritik als solcher Stellung zu beziehen, geht Krämer umstandslos zum Gegenangriff über. Dass er »für seine politischen Ansichten angegriffen [werde], sei normal. Gerade Liberale, zu denen sich Krämer als Mitglied der FDP zählt, seien eine ›beliebte Zielscheibe‹ in den Medien. Und diese Medien als ›linkslastig‹ zu bezeichnen, sei ›mehr als gerechtfertigt‹ «, berichtet der Deutschlandfunk von einem Gespräch mit Krämer.[129] Auch in der Reaktion des VDS-Geschäftsführers, Holger Klatte, gegenüber den Mitgliedern des Vereins lässt sich die Strategie erkennen, die Kritik an den Äußerungen Krämers als einen Angriff auf die Meinungsfreiheit und die durch und durch lauteren Ziele des Verein hinzustellen: »Dass der Verein als deutschtümelnd und rechts eingestuft wird, weil er sich für die deutsche Sprache einsetzt, halte ich für erschreckend«.[130]

Die Pressearbeit des VDS

Die sprachpolitische Agenda des VDS kommt besonders gut in den diversen Pressemitteilungen zu tagesaktuellen Themen zum Ausdruck, in denen vor allem durch Zitate des Vorsitzenden Krämer mit zugespitzten Formulierungen die Sicht des VDS verbreitet wird. So verurteilt er in einer Mitteilung 2020 den erwähnten Sprachgebrauch von Anne Will:

> Journalisten und Moderatoren müssen sich wieder auf die Qualität ihrer Inhalte besinnen und aufhören, die deutsche Sprache durch falsche Konstrukte zu zerstören. [...] Das Aufdrängen künstlicher Gendersprache – vor allem im öffentlich-rechtlichen Fernsehen – muss ein Ende haben.[131]

Weiterhin bezeichnet er den individuellen Sprachgebrauch der Moderatorin als ein »Sprachdiktat« und behauptet, dass die öffentlich-rechtlichen Sender ihrem Bildungsauftrag nicht gerecht werden, »wenn sie die amtlichen Regeln der deutschen Rechtschreibung verbiegen«. Dies ist insofern auch hier irritierend, als sich die Pressemitteilung auf den *mündlichen* Sprachgebrauch von Anne Will bezieht.

Grundlegende Topoi der Kritik werden in der kurzen Pressemitteilung zuverlässig bedient: »Es muss Schluss damit sein, dass die öffentlich-rechtlichen Sender ihren Rezipienten eine Sprache aufdrücken, die nicht ihrer Lebenswirklichkeit entspricht« (die normalen Leute wollen es nicht), »Geschlechtergerechtigkeit ist auch für den VDS ein wichtiges und richtiges Ziel – die äußeren Eingriffe in die gewachsene Sprache haben jedoch nichts mit Gerechtigkeit der Geschlechter zu tun« (geschlechtergerechte Sprache hat keine Wirkung) und »Wer Gerechtigkeit haben möchte, muss echte Probleme angehen« (es gibt andere, wichtigere Themen).

In einer anderen Mitteilung – Titel: »Rechtschreibung darf nicht ausgehöhlt werden«[132] – wird in einer ebenfalls sehr freihändigen Logik die Aussage des baden-württembergischen Ministerpräsidenten Kretschmann kritisiert, das Erlernen der deutschen Rechtschreibung habe wegen der technischen Hilfestellung beim Schreiben heute einen geringeren Stellenwert als früher. Diese Aussage sei nicht zu Ende gedacht, wird Krämer zitiert. Schreibende könnten sich

> durchaus mal vertippen und dabei trotzdem ein korrektes deutsches Wort schreiben. […] Ein kleiner Fehler wie ein fehlendes oder zusätzliches ›a‹ (z. B. symmetrisch/asymmetrisch) [kann] einer Aussage eine völlig andere Zielrichtung geben.

Kretschmanns Aussage sei deshalb »populistisch«, stellt Krämer in kühner Konsequenz fest.

Überhaupt, die Rechtschreibung. Ein beliebter Gegner des VDS ist, Auflage für Auflage, der Duden. Die Redaktion dieses Standardwörterbuchs hat bereits 2013 den »Sprachpanscher«-Schmähpreis erhalten, denn ihr wird vorgeworfen, sich dem Zeitgeist anzubiedern und bei der Auswahl der Neuaufnahmen in zu hohem Maße Anglizismen zu berücksichtigen. Stattdessen solle der Duden seine Macht dafür einsetzen, Eindeutschungen durchzusetzen. In der Neuauflage des Rechtschreibdudens von 2020 kommen nun auch noch die Hinweise zum geschlechtergerechten Sprachgebrauch hinzu. Der Einfluss, den der Duden zweifellos auch weiterhin auf den Schreibusus hat, wird nun kritisiert:[133]

> »Der Duden lehnt sich damit weit aus dem Fenster«, kritisiert Prof. Walter Krämer, Vorsitzender des VDS, das Vorgehen, »viele Menschen nehmen das, was im Duden steht, für bare Münze und werden glauben, dass Gendersternchen und ähnliche Konstrukte echte Bestandteile der deutschen Sprache seien.«

Auch diese Kritik wird schon im nächsten Satz in polarisierender Weise politisch aufgeladen:

> »Das, was einige Städte beim Gendern treiben, ist vorauseilender Gehorsam einer vermeintlich politisch korrekten Sprache, die in der Bevölkerung keinen Rückhalt hat«, beklagt Krämer, »es muss endlich Schluss sein, dass Einzelne von oben herab entscheiden wollen, wie sich Sprache zu entwickeln hat.«

Als kaum weniger populistisch sind Verlautbarungen zu werten, dass die »Deutsche Welle ohne Deutsch«[134] sende oder dass man Bediensteten der Stadt Lübeck Prozesskostenhilfe gewähre, wenn sie wegen einer Verordnung für geschlechtergerechte Sprache in öffentlichen Verwaltungstexten gegen ihren eigenen Arbeitgeber klagen.[135] Geradezu obsessiv greift der VDS das Thema der geschlechtergerechten Sprache in seinen Pressemitteilungen auf, ob es sich um seine eigenen Initiativen zur Prozesskostenhilfe handelt, um die Klage einer Zürcher Gemeinderätin gegen ihre Stadt, um den Oberbürgermeister von

Hannover, der für die Einführung einer städtischen Verordnung einen Schmähpreis erhält, um die Verordnung zur geschlechtergerechten Sprache der sächsischen Landesregierung oder um selbst in Auftrag gegebene Befragungen zum Status dieses Themas. In der Vielzahl und Konkretheit der Aktionen verdichtet sich der Eindruck, dass hier mit langem strategischen Atem eine sprachpolitische Kampagne betrieben wird.

Unterstützungsnetzwerke

Gerade die Pressemitteilung zu der vom VDS bei einer Meinungsforschungsagentur in Auftrag gegebenen Umfrage[136] zeigt, wie erfolgreich der Verein zuweilen mit seinen Verlautbarungen für Medienecho sorgt. Nicht nur Krämer selbst greift die Themen an anderer Stelle auf, etwa im neurechten Blog »Achse des Guten«[137]. Die FAZ bringt die VDS-Umfrage am 2.4.2019 neben Meldungen zum Rücktritt des algerischen Präsidenten Bouteflika und zur Neuregelung der Organspende sogar auf ihrer Titelseite. Die Zeitung kann sich auf gute Kontakte zum VDS berufen: »Die Umfrage liegt dieser Zeitung vor«, heißt es dazu in der mit »oll« gekennzeichneten Meldung. »oll« ist das Kürzel der Bildungsredakteurin Heike Schmoll, die in dieser Ausgabe auf Seite 2 des Politikteils – also dort, wo die wichtigen Themen vertieft werden – in einem zweispaltigen Beitrag die Umfrage weitergehend referiert.

Verwundern muss einen das nicht, wir haben Heike Schmoll schon als scharfe Kritikerin der Rechtschreibreform erlebt. 2019 amtierte sie als Vorstandsmitglied der »Henning-Kaufmann-Stiftung zur Pflege der Reinheit der deutschen Sprache«, die ihren »Deutschen Sprachpreis« 2018 an Josef Kraus und schon 1999 an Walter Krämer verliehen hat.[138] Sie selbst hat diesen Preis 2005 erhalten, wie zuvor mit Gerhard Stadelmaier, Gustav Seibt und dem späteren, inzwischen aus der Partei ausgetretenen[139] AfD-Gründungsvorsitzenden Konrad Adam drei weitere ehemalige FAZ-Redakteure.[140] Auch einige renommierte Germanisten haben den Preis erhalten, etwa Konrad Ehlich, Oskar Reichmann, Peter von Polenz oder Peter Eisenberg. Die Stiftung, die den Sprachpurismus schon im Namen trägt, versucht offensichtlich, mit diesen Auszeichnungen das Renommee bekannter Personen aus Wissenschaft und Publizistik für ihr Anliegen zu nutzen – Personen, die die Zielsetzung der Stiftung, die »Reinheit« der deutschen Sprache zu »pflegen«, zum Teil wohl kaum selbst aktiv unterstützen würden.

Im Vorstand der Henning-Kaufmann-Stiftung trifft Heike Schmoll auf Helmut Glück, der in der FAZ in diversen Artikeln ebenfalls als Kämpfer gegen die vermeintliche Zerstörung der deutschen Sprache in Erscheinung tritt. Derselbe Helmut Glück, pensionierter Germanistik-Professor an der Universität Bamberg, sitzt wiederum für die Eberhard-Schöck-Stiftung einer Jury vor, die zusammen mit dem VDS einen der mit insgesamt 35 000 Euro am höchsten dotierten deutschen Sprachpreise vergibt.[141] Anders als der »Deutsche Sprachpreis« wird der »Kulturpreis Deutsche Sprache« in mehreren Kategorien zumeist an bekannte Personen oder Organisationen des öffentlichen Lebens verliehen, unter denen sich auch so illustre Persönlichkeiten wie der verstorbene FAZ-Herausgeber Frank Schirrmacher, der Dramatiker Rolf Hochhuth, die damalige Ehefrau des russischen Präsidenten, Ludmilla Putina, oder Udo Lindenberg befinden. 2019 erhielt ihn mit dem germanistischen Linguisten Peter Eisenberg ein anderer Kritiker geschlechtergerechten Sprachgebrauchs, der sich dazu öffentlich vor allem in der FAZ geäußert hat.

Zurück zu der VDS-Umfrage: Anstatt die entsprechende Pressemitteilung, die es offenbar durch diese persönlichen Verbindungen sogar auf die Titelseite der FAZ gebracht hat, und die Umfrage selbst in ihrer offenkundigen Undifferenziertheit kritisch zu durchleuchten, griffen auch andere Medien dankbar zu. Neben diversen Nachrichtenseiten im Internet und den Zeitungen der nächsten Tage bringt das »heute-journal« noch am selben Abend am Ende der Sendung einen Beitrag, den Claus Kleber mit folgenden Wortern anmoderiert: »Mann mit Doppel-N muss sich mit der Anklage auseinandersetzen, dass sein Deutsch ein Machtinstrument der Vorherrschaft ist.« Das »geschlechtsneutrale Deutsch« sei manchen ein »heiliges Anliegen«.

Im Beitrag selbst bemüht man sich um ein bisschen Pro und Contra, die Ergebnisse der Umfrage selbst aber werden so dargestellt, wie es sich der VDS nur wünschen konnte. Schließlich sind dann noch die Webseite des »Gender-Unfug«-Aufrufs und die in ihren öffentlichen Verlautbarungen nicht gerade für Differenziertheit bekannte Schriftstellerin Monika Maron zu sehen – sie war schon in der Pressemitteilung zur Umfrage mit O-Tönen vertreten, wo sie von »fanatischen Minderheiten in Universitäten und Rathäusern« und »Verunstaltungen« sprach. Hier gibt sie nun zu Protokoll, dass sie diese Sprache nicht »erträgt«, »versteht«, »lächerlich und falsch findet« (kann man etwas falsch finden, das man nicht versteht?), nicht mal die DDR habe einen solchen Eingriff in die Grammatik gewagt. Zum Schluss werden im Beitrag noch ein paar Beispielwörter gezeigt und der Eindruck erweckt, diese stünden, durch wen auch immer, kurz vor der Einführung: »Einwohner*innenmeldeamt«, »Studierendenfutter«, »Christ*innenheit«. »Das ist irre«, darf Maron dann noch sagen, bevor der Beitrag mit dem Satz endet »Nur so steckt jetzt der Teufel – pardon: die Teufelin – im Detail.«

Die mediale Produktion von Ablehnung ist hier in Reinkultur zu besichtigen: ein propagandistisch geschickt agierender Interessenverband, ein Netzwerk von Stiftungen und Unterstützenden im Vorfeld, eine als seriös angesehene Zeitung, die verdeckt Politik betreibt, und ein öffentlich-rechtlicher Sender, der es sich, anstatt genauer zu recherchieren, mit einer süffisanten Kommentierung viel zu leicht macht.

Der Kampfgeist des Vereins

Was die vielen, nach eigenen Angaben etwa 36 000 Mitglieder des VDS umtreibt, kann man am besten den »Sprachnachrichten« entnehmen, oftmals aus Leserbriefen. Dort fallen einem ganz besonders die ständig wiederkehrenden Charakterisierungen des Umgangs mit der deutschen Sprache auf. Schaut man sich exemplarisch die Ausgaben von 2017 bis 2019 an,[142] findet man dort mehr als hundert Belege der immer gleichen bewertenden Wörter und Formulierungen. Die hier ausgewählten Belege lassen zugleich das schmale Spektrum der sprachpuristischen Argumentation aufscheinen. Besonders oft ist von der »Verhunzung« der deutschen Sprache die Rede – übrigens ein Wort, das als Verbalableitung aus dem Nomen »Hund« hervorgegangen ist. »Verhunzen« hat sich inzwischen als geradezu exklusive Bezeichnung sprachpuristischer Kritik verfestigt:

> Warum empfinden Kontinentaleuropäer eigentlich keinen Ekel vor ihrem eigenen Pidgin, mit welchem sie die im Grunde wohlklingende englische Sprache ***verhunzen***? [Nr. 82, 2019/2]
>
> Wer diese Sprache ***verhunzt***, ***verhunzt*** sein eigenes Denken und das seiner Sprachgemeinschaft. [Nr. 74, 2017/2]
>
> Der Duden als ***Sprachverhunzer*** – Legitimiert die Rechtschreib-Polizei nun auch schlimmste Auswüchse des Gender-Deutsch? (als Überschrift) [Nr. 77, 2018/1]

> Und in Frankreich hat man ***gewisse feministische Sprachverhunzungen*** geradewegs verboten. [Nr. 77, 2018/1]

> Auch Einladungen an die Mitglieder und Mitgliederinnen von akademischen und anderen Gremien sind schon vorgekommen, im Widerstand gegen ***diese von oben verordnete Sprachverhunzung*** sind wir uns mit der großen Mehrheit aller Bundesbürger einig. [Nr. 76, 2017/4]

> Aber fast nirgends auf der Welt äußert sich ***die durch das Streben nach sprachlicher Geschlechtslosigkeit induzierte Sprachverhunzung*** so hässlich, so teuer und so kommunikationsbehindernd wie im deutschen Sprachgebiet. [Nr. 75, 2017/3]

Hinzu kommen Kategorien wie »Verunstaltung«, »Verrenkung« und »Vergewaltigung«, die eher die Misshandlung eines reinen und schönen menschlichen Körpers anklingen lassen:

> Die deutsche Sprache soll nicht durch übertriebenen Genderwahn ***verunstaltet*** werden. [Nr. 83, 2019/3]

> Über 200 Zeitungen, Fernseh- und Radiosendungen haben über den Protest des Vereins Deutsche Sprache gegen ***die Verunstaltung des Deutschen*** durch sog. ›Leichte Sprache‹ berichtet. Vielleicht hat dies der rot-grünen Regierung den letzten Stoß versetzt. [Nr. 74, 2017/2]

> Umfragen im Auftrag des VDS und von zahlreichen anderen Meinungsforschungsinstituten zeigen, dass zwei Drittel der Bevölkerung ***die orthografischen und grammatikalischen Verrenkungen*** für eine vermeintlich geschlechtergerechte Sprache ablehnen bzw. diese keinen Beitrag zur Gleichstellung der Geschlechter leisten. [Nr. 83, 2019/3]

> Erwartungsgemäß war die berühmte ***Académie française*** dagegen, u. a. mit dem einzigen Argument, das in Frankreich wirklich

> zählt: das wäre hässlich und ***eine Vergewaltigung der schönen französischen Sprache***. [Nr. 76, 2017/4]
>
> Aber die Pein, die einem aus und in ideologischer Verirrung bereitet wird, gelegentlich wird sie durch eine geradezu diebische Freude ersetzt, nämlich dann, wenn es eine Frau ist, die in Ausübung ihres Berufs als Redakteurin, wohlgemerkt nicht in anderer Situation, die Grenzen des Genderns als Mittel der Manipulation (oder ***Vergewaltigung***?) unserer gewachsenen Sprache zu spüren bekommt. [Nr. 74, 2017/2]

Mit dieser Ästhetisierung der Sprachkritik wird eine Metaphorik bedient, die Anja Stukenbrock in ihrem maßgeblichen Werk zum Sprachnationalismus[143] bereits für das 19. Jahrhundert ausgemacht hat, die »biologistisch-pathologisierende Metaphorik«. Der Begriff »Vergewaltigung« legt nahe, dass es sich bei der deutschen Sprache um einen weiblichen Körper handelt, der in seiner Reinheit und Schönheit vor dem entstellenden und schändenden Zugriff dunkler Horden tapfer zu verteidigen ist. Konsequenterweise findet sich in den »Sprachnachrichten« auch die Metapher des Terrorismus:

> In letzter Zeit ist ***der Genderterror*** als weiteres Ärgernis hinzugetreten, dem wir uns mit allen Kräften widersetzen. Auch hier bleibt der Staat als Hüter von Kultur und Bildung weitgehend stumm, ja er befördert diesen hässlichen und teuren Wahnsinn noch. [Nr. 76, 2017/4]
>
> Aber ich glaube, dieses Mal haben ***die Sprachterroristen*** die Schraube überdreht. [Nr. 81, 2019/1]

Durch Verweis auf den »Wahn« oder »Wahnsinn«, dem die Gegenseite unterliegt, enthebt man sich der Notwendigkeit, die angesprochenen Punkte überhaupt einer sachlichen Betrachtung zu unterziehen:

> Etwa 42 Millionen Euro aus Steuergeldern zahlen die Bürgerinnen und Bürger jährlich dafür, dass inzwischen 212 Professuren ***den Gender-Wahn*** erforschen und propagieren. [Nr. 75, 2017/3]
>
> Sie fühlt sich belästigt von dem ›Gleichberechtigungsgefummel‹ und den ›fast extremistischen Zügen ***des Verweiblichungswahns***.‹ [Nr. 75, 2017/3]
>
> Das ist einmal ***der seit Jahrzehnten um sich greifende anglo-amerikanische Sprachwahn***, besonders schlimm als zunehmende Verdrängung des Deutschen im Hochschulbereich. [Nr. 78, 2018/2]
>
> Sprachliche Bevormundung und Umerziehung grassieren auf allen Kanälen. Anstatt dass ***dieser Wahnsinn*** sich zurechtwächst, zeigt er Methode: Lehrpläne von Schulen und Universitäten werden auf die sogenannte Gendergerechtigkeit ausgerichtet, Schüler und Studenten werden unrechtmäßig zum Gendern gezwungen, Verlage schreiben Neuauflagen von literarischen Klassikern gemäß der Gender-Ideologie um. [Nr. 81, 2019/1]
>
> Das Volk der Dichter und Denker ist ausgestorben. Ihre Sprache wird mit Anglismus, Entgeistigung, ***Genderwahnsinn***, Leichtsprech, prüfloser Nachlautung, epigonischer Schrumpfgrammatik und wirren Film-, Polit- und Werbephrasen bedenken- und rücksichtslos zersprächelt. [Nr. 75, 2017/3]

Eine ganz besondere Sorge scheint es für viele Unterstützerinnen und Unterstützer des Vereins zu sein, lächerlich zu wirken – anders ist es kaum zu klären, dass diese Kennzeichnung gleich mehrere Dutzend Mal zu verzeichnen ist:

> Der Generalirrtum ist der immer wieder unterstellte feste Zusammenhang zwischen grammatischem Genus und biologischem Geschlecht, ***die lächerlichen Sprachgebilde*** sind Radfahrenden oder die Fahrzeugführenden, die praktische Unmöglichkeit der konsequenten Durchführung zeigt sich allein schon bei

> dem Wort Bürgermeister (›Bürgermeisterinnen- und Bürgermeister*in‹), und dass Frauen für Ihren [sic] Erfolg keine genderneutrale Sprache brauchen, sieht man am aktuellen Bundeskanzler. [Nr. 82, 2019/2]

> Menschen mit Problemen der Geschlechtsidentität und Geschlechtsentwicklung benötigen hochqualifizierte medizinische und psychologische Unterstützung und nicht ***die Lächerlichkeit von konstruierten Sprachzwangsverordnungen***. [Nr. 82, 2019/2]

> Dieser nennt sich selbst einen ›Kulturpessimisten‹, aber seine Attacken gegen Denglisch-Schwätzer, Gender-Spinner oder politische Wortverdreher aller Art machen ihm ganz offensichtlich Spaß, und dem Leser Mut. Erstere stehen nämlich nach Fackelmanns Angriff meist wie Trottel da, und ***Lächerlichkeit*** tötet, wie man weiß. [Nr. 75, 2017/3]

Tötet Lächerlichkeit wirklich? Die Zürcher Germanistin Angelika Linke wies vor einiger Zeit in einem Vortrag darauf hin, dass Verhaltensweisen, die man als lächerlich wahrnimmt, in sehr vielen Fällen einen Wandel der gesellschaftlichen Praxis markieren. Für den VDS scheint Lächerlichkeit hingegen eine Art Grundzustand der Sprachkritik zu sein, der immer dann eingenommen werden kann, wenn keine anderen Argumente verfügbar sind.

Wer ist eigentlich der Gegner?

Die Metaphorik des Kampfes, die ich in diesem Buch zugrunde lege, umfasst die Vorstellung einer definierten Gegnerschaft zweier Lager. Wer ist eigentlich der Gegner des VDS? Gegen wen richten sich seine Aufrufe und Initiativen? Haben wir es mit einem Gegner zu tun, der die gleichen Mittel einsetzt? Einen Verein, der *für* Anglizismen, geschlechtergerechte Sprache und die Beibehaltung der bestehenden Grundgesetzregelung ist, gibt es jedenfalls nicht. Das Thema »Deutsch ins Grundgesetz« ist ohnehin eines, das in die politische Sphäre hineingetragen wurde und Gegenstand einer politischen Auseinandersetzung war – und im Falle einer Neuauflage erneut sein wird.

Eine Aktion zugunsten sinnvoller Anglizismen hat Anatol Stefanowitsch ins Leben gerufen, die zu der inzwischen etablierten Wahl eines »Anglizismus des Jahres« geführt hat.[144] Diese »Auszeichnung« einzelner Wörter oder Worbildungsmuster erregt breites mediales Interesse. Stefanowitsch hatte die Aktion als Reaktion auf die Kommentare zu den Beiträgen in seinem Blog »Sprachlog«[145] begonnen mit dem Ziel, auf »den positiven Beitrag des Englischen zur Entwicklung des deutschen Wortschatzes« hinzuweisen. Zu den Anglizismen im Deutschen hatte sich in den Anfangsjahren von Stefanowitschs Blog ein heftiger Sprachkampf mit dem VDS entwickelt, dessen einzelne Gefechte dort noch nachzulesen sind.

Sehr viel unübersichtlicher wird die Gefechtslage, wenn wir uns dem Thema der geschlechtergerechten Sprache zuwenden. Allein ist der VDS auf diesem Schlachtfeld keineswegs, nachdem sich die Gesellschaft für deutsche Sprache und die Deutsche Akademie für Sprache und Dichtung mit Stellungnahmen eingeschaltet haben.[146] Diese sind sehr sachlich und differenziert, aber doch ihrem Tenor nach ablehnend gegenüber den besonders auffälligen Kennzeichnungen des Genderns durch Stern, Unterstrich oder Doppelpunkt. Den Gegner bilden die Institutionen, Firmen, Organisationen und Menschen, die Verordnungen zur geschlechtergerechten Sprache erlassen, darüber informieren, sie empfehlen oder selbst gebrauchen. Dabei handelt es sich um Unternehmen wie die Otto-Gruppe[147], Adidas[148] und andere, die sich dabei von spezialisierten Sprachagenturen beraten lassen[149], die Evangelische Kirche in Deutschland[150] oder Verleger von Druckwerken wie die vom Dudenverlag herausgegebenen Ratgeber zum Thema, die »tageszeitung« oder die »Brigitte«, die ihren Sprachgebrauch geschlechtergerecht angepasst haben. Auch der »Spiegel« hat sich 2020 Regeln auferlegt, nach denen das generische Maskulinum »nicht mehr Standard sein soll«, sondern vielmehr »beide Geschlechter abzubilden« sind.[151] Verschiedene Stadtverwaltungen wie die von Hannover, Lübeck oder Dortmund wurden schon erwähnt, hinzu kommen die zahlreichen staatlichen Einrichtungen, in deren Gleichstellungsrichtlinien der Gebrauch geschlechtergerechter Sprache empfohlen oder verordnet wird. Einen wichtigen Referenzpunkt dabei stellt der »Leitfaden zum geschlechtergerechten Formulieren im Deutschen« der Schweizerischen Bundeskanzlei dar, der bereits 1996 erschienen ist und seit 2009 in einer 192 Seiten starken zweiten Auflage[152] vorliegt. Diese zweite Auflage war eine Antwort auf die Erfordernisse des Schweizerischen Sprachengesetzes vom 5. Oktober 2007, nach dem geschlechtergerechte Formulierungen für die Bundesbehörden vorgeschrieben sind.

Natürlich vertreten auch politische Parteien sprachpolitische Positionen, die mal besser, mal weniger gut zu den Zielen des VDS passen. Dies sehen wir uns im nachfolgenden Kapitel näher an. Als zentraler Gegner beim Thema geschlechtergerechte Sprache wird aber immer wieder auf den akademischen Bereich und hier auf die Genderforschung Bezug genommen, wie wir auch in den Zitaten zuvor sehen konnten. Mit diesem Forschungsbereich werden oft auch die gesetzlichen Gleichstellungsmaßnahmen, die in öffentlichen Einrichtungen durch Gleichstellungsbeauftragte umgesetzt werden, und die als Gender-Mainstreaming bezeichnete Umsetzungsstrategie für Gleichstellungsziele in einen Topf geworfen, um dann auch die jährlichen Gesamtkosten mit Fantasiebeträgen benennen zu können.

Selbst die Genderforschung ist keineswegs der zusammenhängende Block, als der sie in der Kritik gern dargestellt wird. Die meisten Professuren weisen nur eine Teildenomination in diesem Bereich auf und haben ansonsten ihr Standbein in einer anderen, etablierten Disziplin, etwa der Rechtswissenschaft, dem Maschinenbau, den Wirtschaftswissenschaften, der Literaturwissenschaft, Medizin oder Physik. 216 derartige Professuren werden derzeit im Portal »Datensammlung Geschlechterforschung« der Freien Universität Berlin ausgewiesen.[153] Vielfach haben sich diese Professuren und andere Forschende zu interdisziplinären Verbünden zusammengefunden, von denen auch überfachliche Stellungnahmen zu genderbezogenen oder gleichstellungspolitischen Fragen abgegeben werden.

Es liegt in der Natur der Sache, dass dabei gelegentlich auch weitergehende Forderungen zu hören sind, und diese sind es, die bevorzugt als Ausweis eines allgemein an deutschsprachigen Hochschulen vorherrschenden Meinungsklimas herangezogen werden. Besondere Erregung haben beispielsweise schon vor Jahren die Vorschläge des*der damaligen Berliner Professor*in Lann Hornscheidt hervorgerufen, nach denen zur Kennzeichnung geschlechtlicher Diversität konsequent von einem X Gebrauch gemacht werden soll, das alle Hinweise auf das durch sprachliche Formen zum Ausdruck gebrachte Geschlecht ersetzt (»einx bekanntx Professx«). Aber auch derartige (sprach)realitätsferne Ausdrucksweisen, die keineswegs mit der ernsthaften Forderung der allgemeinen Übernahme verbunden waren,[154] taugen nicht als Beleg für »Meinungsterror« oder »Zensur«, sondern zeigen allenfalls die Funktion von Hochschulen als gesellschaftliche Experimentallabore auf, die sie ganz unabhängig von einer bestimmten politischen Positionierung schon immer gewesen sind.

Gute und böse Sprachpolizei

Gern wird vom VDS darauf verwiesen, dass seine sprachkritischen Positionen in Frankreich Gesetzeskraft hätten und dort die *Académie française* den Gebrauch von Anglizismen oder geschlechtergerechter Sprache schlichtweg verbiete.[155] Damit wird auf das »Gesetz betreffend den Gebrauch der französischen Sprache« von 1994 Bezug genommen, die sogenannte *Loi Toubon*. Dieses Gesetz hat tatsächlich verschiedene Sprachtatbestände unter Strafe gestellt, etwa die Verwendung des Englischen ohne eine Übersetzung im öffentlichen Raum, und es fordert den Vorrang der französischen Sprache bei wissenschaftlichen Konferenzen und die Verpflichtung zur Verwendung der französischen Ersatzwörter für bestimmte Anglizismen.

Einige der Tatbestände dieses Gesetzes wurden nach einer Verfassungsklage allerdings bald wieder abgeschwächt. Karl-Heinz Göttert stellte bereits vor einiger Zeit fest, dass in Frankreich aufgrund einer Vielzahl anderer Regelungen und Gerichtsentscheidungen, die die *Loi Toubon* umgeben, ein Umdenken eingesetzt habe, dass von den Sprachpuristen in Deutschland gar nicht bemerkt worden sei.[156] Trotzdem muss man konstatieren, dass ein Sprachgesetz, durch das bestimmte Arten des Sprachgebrauchs zu Straftatbeständen erklärt werden, auch einer polizeilichen und staatsanwaltlichen Durchsetzung bedarf.

Die Sprachpolitik in Frankreich spiegelt schon seit jeher die Bedingungen wider, unter denen das Französische zur nationalen Standardsprache geformt wurde. Ausgehend von einer Vielzahl altfranzösischer Dialekte entwickelte sich seit Ende des 12. Jahrhunderts eine überregionale Varietät auf der Grundlage des Franzischen, einer auf der Île-de-France gesprochenen altfranzösischen Sprachform. Bereits im Jahr 1539 wird das Französische unter Franz I. per Edikt zur offiziellen und einzig gültigen Amtssprache erklärt. Für deren sprachliche Normierung ist seit 1635 die *Académie française* zuständig.

Die Entwicklung der neuhochdeutschen Schriftsprache als Standardsprache hingegen erfolgte in einem längeren dezentralen Ausgleichsprozess, ohne dass eine nationalstaatliche Grundlage dafür bestand. Als das Deutsche Reich 1871 gegründet wurde, war die neuhochdeutsche Standardsprache längst »fertig« und bedurfte keiner zentral gesteuerten Ausformung mehr. Die Bedingungen für die Übernahme eines Gesetzes wie der *Loi Toubon* in Deutschland bestehen also keineswegs, wenn man der Meinung ist, dass derartige Gesetze den vorhandenen kulturellen Traditionen entsprechen sollten. Die französische Sprach- und Sprachenpolitik ist dabei durch ein außergewöhnlich hohes Maß an Eingriff und Sanktionierung gekennzeichnet, dass nur in sehr wenigen anderen Ländern Nachahmung gefunden hat.[157]

Frankreich zum Verbündeten für sprachpuristische Bemühungen um das Deutsche zu erklären, beinhaltet also auch, sprachpolizeiliche Maßnahmen in Kauf zu nehmen, die sich gegen den Anglizismengebrauch oder das Englische in der Werbung und in Produktnamen richten, gegen englischsprachige Vorträge auf wissenschaftlichen Tagungen in Deutschland und vielleicht sogar gegen Verstöße gegen die amtliche Rechtschreibung. Dass in Einwanderungsgesellschaften auf diese Weise keine kulturelle und sprachliche Integration bewirkt wird, weiß man in Frankreich offenbar viel besser als in Deutschland, weshalb die Strafverfolgung aufgrund der *Loi Toubon* nach dem ersten Prozess ausgesetzt wurde.[158] In einem unauflöslichen Widerspruch begibt sich der VDS jedoch, wenn er einerseits eine Sprachpolizei nach französischem Vorbild fordert, gegen die geschlechtergerechte Sprache aber damit argumentiert, dass es in diesem Bereich eben gerade keine Sprachpolizei geben dürfe, die die natürliche Erscheinungsweise des Deutschen manipuliere und entstelle. Sprachpolizei ja oder nein hängt also offenbar davon ab, wer sie rekrutiert und wogegen sie vorgehen soll.

5 DAS PARLAMENT ALS AUFMARSCHGEBIET DER AFD

Sprachpurismus und die Kritik an sprachlichen Erscheinungen der Gegenwart gibt es schon seit Langem. Als neues Thema hinzugekommen ist, wie wir gesehen haben, die Kritik an geschlechtergerechter Sprache. Erst in den letzten Jahren jedoch hat sich Sprachpolitik als ein lohnendes Politikfeld etabliert. Im Umfeld und in den parlamentarischen Repräsentanzen der AfD werden durch Aufrufe, Anträge, Anfragen und Gesetzesinitiativen verschiedene Themen adressiert, die schon im Grundsatzprogramm der Partei von 2016 gesetzt wurden. Mit dem Aufstieg der AfD sind Sprachpurismus und Sprachkritik parlamentarisch geworden – dies ist neu, und es lohnt sich, diese Entwicklung näher zu betrachten.

Die AfD und der Aufruf gegen »Genderunfug«

Zu den bereits in vorangegangenen Kapiteln erwähnten Aufrufen mit Petitionscharakter, in denen es um die Ablehnung geschlechtergerechter Sprache geht (»Schluss mit dem Gender-Unfug«, »Stop Gendersprache jetzt«), haben sich auch AfD-Landesverbände und die AfD-Bundestagsfraktion zustimmend geäußert. Martin Louis Schmidt, rheinland-pfälzischer Landtagsabgeordneter und kulturpolitischer Sprecher der Fraktion, stellt in einer Pressemitteilung[159] unter Berufung auf

Josef Kraus eine Verbindung des VDS-Aufrufs zum »Kulturprogramm« der AfD-Landtagsfraktion her, in der es heißt:

> Außerdem lehnen wir eine Instrumentalisierung unserer Sprache durch politisch korrekte Vorgaben oder geschlechterneutrale Ideologisierungen (›Gender Mainstreaming‹) entschieden ab, nicht nur, weil diese im Rahmen eines undemokratischen familienfeindlichen Gesellschaftsexperiments stattfindet. Die mit der teilweisen Leugnung der biologischen Geschlechter zugunsten sogenannter ›sozialer Geschlechter‹ einhergehenden begrifflichen und grammatikalischen Kunstgriffe sind in unseren Augen nicht zuletzt sprachästhetische Vergewaltigungen. [...] Der von kleinen hochideologischen Interessengruppen vorangetriebene Gender-Unfug muss schnellstens gestoppt werden!

Die AfD-Landtagsfraktion in Nordrhein-Westfalen verweist[160] darauf, dass mit der geschlechtergerechten Sprache »linke Ideologen Einfluss auf unsere Sprache und damit auch zwangsläufig unser Denken« nehmen. Sie kapern gewissermaßen unsere Sprache, weil »auf Grundlage der Pseudo-Genderwissenschaft« nun auch bei Behörden und Regierungseinrichtungen eine geschlechtergerechte Sprache Einzug halte. Die Fraktion fordert ihre Anhänger dazu auf, den Aufruf zu unterzeichnen: »Unterstützen Sie den Verein Deutsche Sprache und stellen Sie sich gegen den Missbrauch unserer deutschen Muttersprache durch linke ›Neusprachler‹.« Und die AfD-Bayern verfügt bajuwarisch kompakt[161]: »Gender-Sprech stoppen und deutsche Sprache erhalten«.

Neben der Bundestagsfraktion als Ganzer sieht sich auch deren Vorsitzende Alice Weidel persönlich veranlasst, mit einer Pressemitteilung[162] Stellung zu beziehen. Darin verlinkt sie beide Aufrufe und stellt fest, dass »die sogenannte ›gendergerechte‹ Sprache« ein »Orwell-Projekt« sei. »Sie vergewaltigt nicht nur unsere Muttersprache und zertrümmert Texte bis zur Unlesbarkeit, sie will über die Manipulation der Sprache auch unser Denken im Sinne der Gender-Ideologie beeinflussen und kontrollieren.« Durch »lächerliche Wort- und Sprachgebilde« wolle man

> der Sprache ihre Ideologie überstülpen, dass Geschlecht ein beliebiges soziales Konstrukt sei, und diese Ideologie auch noch in die Köpfe der Menschen hineinpressen. [...] Eine Minderheit will der Mehrheit ihr Denken aufzwingen und findet dabei immer öfter willige Helfer in Politik, Medien und Verwaltungen. Sprachpolizisten verstehen Gendersprech als Ermächtigung, um durchzusetzen, dass Bürger sich nur noch im Sinne der Gender-Ideologie äußern können sollen. Das ist ein Anschlag auf die Rede- und Meinungsfreiheit.

In dieser Stellungnahme ist die politische Aufladung der Kritik an geschlechtergerechter Sprache klar zu erkennen. Es geht der AfD nicht einfach nur um den Schutz der Sprache, es geht um den Schutz der Menschen vor einer Ideologie, mit der sie über den Kanal der Sprache mit Gewalt gefügig gemacht werden sollen. Verantwortlich sind Radikale in allen Teilen der Gesellschaft und deren Unterstützer. Mit ihren Maßnahmen (»Sprachpolizisten«) greifen sie damit eines der verfassungsmäßig garantierten Grundrechte an.

Die »Wiedereinführung des generischen Maskulinums« und andere Anträge

Die AfD wird aber auch selbst in den Landtagen und im Bundestag aktiv. In Nordrhein-Westfalen etwa stellte die dortige AfD-Fraktion im März 2019 – bezeichnenderweise durch drei

Männer – den Antrag auf »Abschaffung der Gendersprache« und »Wiederbelebung des generischen Maskulinums«.[163] Zur Begründung wird darin gesagt:

> Die deutsche Sprache stellt die Grundlage unserer kulturellen Identität dar und ist essentiell für den Zusammenhalt unseres Sprach- und Kulturraums. Neben dem immer größeren Einfluss von Anglizismen fügt der ideologisch bedingte Wildwuchs – im Namen der Genderideologie – diesem Kulturgut schweren Schaden zu.

Sie legitimieren ihren Antrag ausführlich durch den Verweis auf die Position des VDS in dieser Frage und auf die sprachpolitischen Maßnahmen in Frankreich und fordern:

> Die Kehrtwende unserer Nachbarn sollten wir uns zum Vorbild nehmen und zu einer grammatikalisch richtigen und schönen Sprache zurückkehren, um den ›ideologisch motivierten Missbrauch‹ an dieser schönen kulturellen Überlieferung zu beenden.

In Nordrhein-Westfalen sei es, so kritisieren sie, durch das Landesgleichstellungsgesetz erforderlich, »aus einer gemischten Studentengruppe [...] dann z. B. Studentinnen und Studenten oder Studierende« zu machen. Auf die Spitze getrieben werde es, wenn auch noch spezifische geschlechtergerechte Schreibweisen eingefordert würden.

Der Antrag selbst fordert die Abkehr von geschlechterneutralen Personenbezeichnungen beispielsweise in Vordrucken und die ausschließliche Verwendung des generischen Maskulinums in allen direkten Kommunikationsvorgängen des Landes mit den Bürgerinnen und Bürgern – auch in sozialen Medien und in der internen Kommunikation –, dies alles sei auch bei zukünftigen Gesetzesinitiativen zu berücksichtigen.

Nicht bemerkt wurde von den Antragstellern offenbar, dass die nordrhein-westfälische AfD selbst in unzähligen Veröffentlichungen von »Bürgerinnen und Bürgern« oder »Wählerinnen und Wählern« spricht. Wenn es um den eigenen Wahlerfolg geht, spricht man seine Wählerinnen also doch nicht mit »liebe Wähler« an, sondern so, dass diese sich auch wirklich angesprochen fühlen.

Im Deutschen Bundestag ist die AfD-Fraktion nach ihrem Einzug 2017 ebenfalls mit verschiedenen Anträgen und Anfragen zum Thema Sprache in Erscheinung getreten. Die Gesetzesinitiative zur Aufnahme von Deutsch als Landessprache ins Grundgesetz hatte ich ja schon in Kapitel 2 erwähnt. Der Antrag wurde Anfang März 2018 im Bundestag debattiert[164], der Gesetzentwurf selbst wurde vom Rechtsanwalt und VDS-Mitglied Stephan Brandner[165] vorgestellt – ausgerechnet von Stephan Brandner, der später aufgrund antisemitischer Ausfälle und Beschimpfungen als Vorsitzender des Rechtsausschusses abgewählt wurde, was einen bislang einmaligen Vorgang darstellt. Im Plenarprotokoll[166] ist sein Redebeitrag vermerkt. Hauptstrategie darin ist es, sich auf einflussreiche Politikerinnen und Politiker aus anderen Parteien zu beziehen, die etwas Zitierbares zur Besinnung auf die deutsche Sprache gesagt haben, Bundespräsident Frank-Walter Steinmeier etwa, Norbert Lammert, Monika Grütters, Paul Ziemiak – und auf den VDS-Vorsitzenden Walter Krämer. Die deutsche Sprache sei in Gefahr, sagt Brandner im Plenum des Bundestages, sie sei in Gefahr durch eine »Überflutung« mit Anglizismen, den »Englischwahn« an den Universitäten, den »vorauseilenden Gehorsam« zur Verwendung des Englischen in der Wirtschaft, das englischsprachige Publizieren in der Wissenschaft – sogar in der Germanistik! (Zwischenruf von Matthias Birkwald, Die Linke: »Ja, damit alle das verstehen!«) – und wegen der Zuwanderung. Und lange zitiert Brandner aus der Rede von Norbert Lammert, dem ehemaligen Bundestagspräsidenten, vom 11. November 2017 anlässlich der Verleihung des Kulturpreises Deutsche Sprache. Wir erinnern uns: Es ist jener Preis, den der VDS zusammen mit der Eberhard-Schöck-Stiftung vergibt, in deren Jury neben anderen der pensionierte Professor Helmut Glück und VDS-Chef Walter Krämer die Geschicke bestimmen, Helmut Glück sogar als deren Sprecher.

Beide kennt Brandner gut, traf er doch mit ihnen für mindestens zwölf lange Jahre, von Oktober 2006 bis Juli 2018, im Beirat der »Stiftung Deutsche Sprache« zusammen.[167] Diese vom VDS initiierte Stiftung hat das Ziel, ein »Haus der deutschen Sprache« aufzubauen, ist damit aber noch nicht sehr weit gekommen. Walter Krämer selbst fungiert als Vorsitzender des Stiftungsvorstands.[168] Den bereits erwähnten Brief an die Mitglieder sämtlicher Rundfunkräte der öffentlich-rechtlichen Sender in Deutschland hat Krämer in dieser Funktion geschrieben. Auch Norbert Lammert gehört diesem Gremium an, und das auch schon in jenen Jahren, in denen der Rechtsanwalt Brandner beschloss, Politiker zu werden. 2013 wurde dieser zum Kreisvorsitzenden der AfD in seinem Thüringer Heimatkreis gewählt, seit September 2014 machte er als Mitglied der AfD-Fraktion des Thüringer Landtags Polit-Karriere, in jener Fraktion also, die bis heute von Björn Höcke geführt wird. Später wurde er stellvertretender Bundessprecher der AfD, Flügel-Mitglied[169], und seit September 2017 ist er Bundestagsabgeordneter. Warum Lammert nicht schon nach 2014 aus dem Beirat ausgeschieden ist, als spätestens klargeworden war, in welch radikales Fahrwasser einige Mitglieder dieses Gremiums inzwischen geraten waren, bleibt eine bislang nicht beantwortete Frage.

Deutsch in der EU und in der Wissenschaft

In einer kleinen Anfrage erkundigt sich die AfD-Fraktion im Juni 2018 nach den Maßnahmen der Bundesregierung zur Förderung der deutschen Sprache.[170] Auch diese Anfrage wird eingereicht von Stephan Brandner, diesmal begleitet von dem »Parteiphilosophen«[171] Marc Jongen, der sich als kulturpolitischer Sprecher der Fraktion die »Entsiffung des Kulturbetriebs« zum Ziel gesetzt hat.[172] Begründet wird die Anfrage mit einigen Aussagen zum Deutschen, die man der Website eines Rhetorik-Trainers entnommen hat. In neun Einzelfragen wird nach den Maßnahmen der Bundesregierung zur Förderung der deutschen Sprache gefragt, nach den für die Verbreitung des Deutschen aufgewendeten Mitteln, Publikationen und Projekten und zu Punkten wie Verständlichkeit und »sprachlichem Verbraucherschutz«, was mit deutschsprachigen Beschilderungen von Unternehmen in Verbindung gebracht wird, die wie die Bahn oder die Post ganz oder teilweise dem Bund gehören.

Zwei Fragenkomplexe beziehen sich auf die deutsche Sprache in der EU:

> Wie beurteilt die Bundesregierung die Umsetzung der Gleichstellung und -behandlung der deutschen Sprache mit der englischen und der französischen Sprache in der Europäischen Union? Welche Maßnahmen wird die Bundesregierung nach dem Ausscheiden Großbritanniens aus der Europäischen Union ergreifen, um die Bedeutung der deutschen Sprache sowohl im internen Arbeitsbetrieb der EU-Institutionen als auch in deren Außenkommunikation und symbolischer Außendarstellung zu stärken?

Und weiter:

> Ist die Bundesregierung an einer Stärkung der Position der deutschen Sprache insbesondere in der Europäischen Union interessiert? Wie begründet sie ihre Auffassung?

In der 31-seitigen Antwort[173] der Bundesregierung sind sämtliche ihrer Maßnahmen seit 2005 aufgelistet – eine nützliche Übersicht über Höhe und Art der Ausgaben für sprachliche Zwecke von Seiten des Bundes.

Im Oktober 2019 beantragt die AfD-Fraktion, »Deutsch als Wissenschaftssprache [zu] erhalten und [zu] stärken«.[174] Die Bedeutung der deutschen Sprache in der Wissenschaft schwinde, wird als Begründung angegeben, sie sei »im Niedergang« und »liege im Sterben«. Im Folgenden wird auf eine Reihe durchaus zutreffender Fakten zur Verwendung des Deutschen in der Wissenschaft verwiesen, etwa auf das sich immer weiter zum Englischen verschiebende Publikationswesen, englischsprachige Tagungen, Projektanträge oder Studiengänge. Daraus leitet die Fraktion die Forderung ab,

> in enger Abstimmung mit sprachpflegerischen und wissenschaftssprachpflegerischen Institutionen in Deutschland [...] einen nationalen Aktionsplan zum Erhalt, zur Stärkung und Pflege der Wissenschaftssprache Deutsch, insbesondere in den Geisteswissenschaften, zu entwickeln

und sich dafür einzusetzen,

> diesen nationalen Aktionsplan in der deutschen und internationalen Wissenschaftslandschaft umzusetzen und darüber hinaus Einfluss geltend zu machen, die deutsche Sprache als Wissenschaftssprache zu erhalten, zu stärken und zu pflegen.

Der zentrale Punkt in der Begründung ist wissenschaftlich kühn gewählt: Das Deutsche verfüge

> mit seinen Komposita, Präpositionen, Reflexiva und Neutra im Vergleich zu anderen Wissenschaftssprachen über Besonderheiten, die feinste Differenzierungen und Nuancierungen gerade in der wissenschaftlichen Theoriebildung erlauben. Dem Deutschen ist somit ein hohes Reflexions- und damit auch Erkenntnispotential eigen. Sein weiteres Verschwinden als Wissenschaftssprache würde unweigerlich zu einer Verarmung wissenschaftlicher Reflexion und Theoriebildung, ja zur Verarmung des wissenschaftlichen Diskurses überhaupt führen – nicht nur hierzulande, sondern auch weltweit.

So wichtig der Gebrauch und die Stärkung des Deutschen in der Wissenschaft aus soziolinguistischen Gründen auch ist, eine Vorrangstellung des Deutschen gegenüber allen anderen Sprachen zu konstatieren, ist sprachwissenschaftlich völlig unhaltbar. Es soll nicht möglich sein, im plumpen Englischen oder Französischen »feinste Differenzierungen und Nuancierungen« vorzunehmen, die wissenschaftliche Theoriebildung würde ohne das Deutsche weltweit »verarmen«? Das Raunen von der Sprache als dem Haus des Seins hat zwar in Deutschland Tradition, dass aber bestimmte Sachverhalte in einer Sprache – in der deutschen Sprache – grundsätzlich und systematisch besser gefasst werden können, lässt sich wissenschaftlich nicht im Geringsten belegen. Am Deutschlesen wird die Welt jedenfalls nicht genesen.

Über das Recht, das N-Wort sagen zu dürfen

In Mecklenburg-Vorpommern wurde das Sprachverhalten der AfD-Fraktion sogar zum Gegenstand der Arbeit des Landesverfassungsgerichts. Es ging um die mehrmalige Verwendung des N-Wortes in der Sitzung des Landtags am 25.10.2018 durch den AfD-Fraktionsvorsitzenden Nikolaus Kramer. Dort hatte er dieses Wort während einer Debatte zum Thema Asyl zunächst in einem Zwischenruf verwendet:

> Karen Larisch, DIE LINKE: […] Sie wollen die Vorbehalte und die Ängste der Menschen in unserem Land gegenüber dem Fremden, dem Andersartigen immer am Köcheln halten und weiter anfachen, statt über ein gemeinsames Leben in einer friedlichen Gesellschaft nachzudenken.
>
> (Beifall vonseiten der Fraktion DIE LINKE – Zuruf von Nikolaus Kramer, AfD)
>
> Das ist unendlich,
>
> (Nikolaus Kramer, AfD: …, um mit den Negern gemeinsam dort zu wohnen.)
>
> das ist unendlich
>
> (Peter Ritter, DIE LINKE: Was, mit den Negern? Mit wem wollen Sie dort wohnen? – Nikolaus Kramer, AfD: Mit den Negern, natürlich. – Peter Ritter, DIE LINKE: Mit Negern, oh!)
>
> kleingeistig, […]

Später, selbst am Redepult stehend, sagte Kramer dann das Folgende:

> Dann komme ich mal zu einer ganz grundsätzlichen Sache. Das Wort »Neger« habe ich bewusst gewählt, Herr Ritter, weil ich

> mir eben nicht vorschreiben lasse, was hier Schimpfwort sei oder was nicht, [...]

Im weiteren Verlauf greift er das N-Wort dann noch zwei Mal auf.[175] Diese Wortbeiträge führten in einer der Folgesitzungen nachträglich zu einem Ordnungsruf an Kramer, aber auch an den Linken-Abgeordneten Peter Ritter wegen verschiedener beleidigender Zwischenrufe in diesem Zusammenhang. Landtagsvizepräsidentin Mignon Schwenke begründete dies dadurch, dass das N-Wort »von der Gesellschaft als Schimpfwort und als abwertende Bezeichnung für Menschen mit dunkler Hautfarbe verstanden wird« und ein Abgeordneter, der dieses Wort in einer öffentlichen Sitzung benutze, sich »über die Konnotation bewusst sein« müsse.[176]

Gegen diesen Ordnungsruf klagte Kramer vor dem Landesverfassungsgericht – und erhielt Recht.[177] Das Landtagspräsidium hatte sich auf die Geschäftsordnung des Landtags bezogen, nach der ein Ordnungsruf erteilt werden kann, wenn »die Würde und die Ordnung des Hauses« verletzt werde. Dies sah es bei jeder Verwendung des N-Worts als gegeben an. Das Landesverfassungsgericht bewertete dies in seiner Urteilsbegründung jedoch anders: Auch wenn er es verwendet habe, könne nicht angenommen werden, das *jede* Verwendung des Wortes abwertend und nicht etwa als zitierend oder ironisch zu verstehen sei, wie »etwa im Rahmen einer Diskussion über ›politische Korrektheit‹«.

Nicht nur vom Antragsteller der AfD, auch weithin in der Tagespresse wurde dieses Urteil als ein Bekenntnis zur Meinungsfreiheit begrüßt.[178] Man dürfe sehr wohl in diesem Land sagen, was man wolle, war der Tenor. Aus juristischer Perspektive wurde diese Begründung aber auch kritisiert dafür, dass Inzivilität im öffentlichen Sprachgebrauch damit Tür und Tor geöffnet sei.[179] Kramer hatte ja nicht nur bestätigt, dass er das Wort ganz bewusst verwendet habe, sondern es auch eindeutig abwertend eingesetzt mit der Intention, das Zusammenleben mit schwarzen Menschen zu diffamieren. Das Urteil erlaube es nun aber, jede diffamierende oder herabwürdigende Formulierung als ironisch, zitierend oder beispielhaft zu deklarieren, um sie ungehindert verwenden zu können. Ob dies tatsächlich eine Konsequenz des Urteils ist, kann hier nicht beantwortet werden. Allerdings hätte das Gericht nach seinen eigenen Grundsätzen anders entscheiden müssen, wenn sich der Ordnungsruf der Landtagsvizepräsidentin ganz präzise auf die oben zitierten Aussagen bezogen hätte. Zumindest kann man also daraus lernen, dass rechtspopulistischen Diskurspraktiken nur mit größter Genauigkeit begegnet werden kann.

Der Duden, »eine Ideologiehilfe zur Durchsetzung linker Politik«

Selbst zur Neuauflage des Rechtschreibdudens äußert sich die AfD auf parlamentarischer Ebene. In einer Pressemitteilung der Fraktion der AfD im baden-württembergischen Landtag lässt sich deren Vorsitzender Bernd Gögel mit der Aussage zitieren, die »Mannheimer Duden-Ausgabe« sei »keine Schreibhilfe mehr, sondern eine Ideologiehilfe zur Durchsetzung linker Politik.«[180] Die AfD von Baden-Württemberg scheint sich zu einer Stellungnahme berufen zu fühlen, weil man dort offenbar nicht weiß, dass der Verlag des Dudens, das Bibliographische Institut, seit mittlerweile 2013 nicht mehr in Mannheim, sondern in Berlin residiert. Schritt für Schritt entfaltet Gögel in seiner Stellungnahme das Szenario einer Verschwörungstheorie, in die er das ganze Spektrum der sprachpolitischen Kritikversatzstücke einordnet. Im Zentrum steht, wie bei jeder Verschwörungstheorie, eine »kleine Gruppe« von Personen, die die Mehrheit manipulieren und ihr den eigenen Willen aufzwingen will:

> So gehören Zusammensetzungen wie ›Alltagsrassismus‹ oder ›rechtsterroristisch‹, aber auch ›Klimanotstand‹ oder ›Ladesäule‹ nur zum ideologischen Sprachschatz kleiner Gruppen von Sprachverwendern wie Aktivisten, Politikern oder Journalisten – die diesen Sprachschatz gern der Mehrheit der Bürger verordnen wollen, um aus ihren [sic] kruden Weltsicht Welt werden zu lassen.

»Ladesäule«? Und die Dudenredaktion lässt sich dafür »instrumentalisieren«? Neben den Anglizismen versteht er auch die erstmals im Duden erscheinenden Hinweise zum geschlechtergerechten Sprachgebrauch als Teil des Manipulationsprogramms. Zwar heißt es im Duden zu den vom amtlichen Regelwerk »nicht abgedeckten« Schreibvarianten, dass sich unter diesen der Genderstern immer mehr durchsetzen würde, doch Gögel lässt diese korrekte Darstellung nicht gelten und entgegnet in wüster Diktion:

> »Diese Behauptung ist mindestens frech, eher aber irreführend – weil wiederum nur Aktivisten, Politiker in absurden Anträgen oder Verwaltungsvorschriften wie in Mannheim und Stuttgart oder Journalisten damit arbeiten, soll der Genderstern jetzt in den allgemeinen Sprachgebrauch von Millionen Bürgern einfließen«, ärgert sich Gögel. Hier werde Sprache künstlich entwickelt. »Das Gegenteil ist aber die Wirklichkeit: Sprache entwickelt sich als natürlicher Prozess aller Sprachverwender und nicht als Spielwiese weniger Sprachvorschreiber.« Duden-Nutzer könnten die Variante als Sprachrealität missverstehen – was sie nicht ist.

Schließlich greift Gögel erneut das Thema Anglizismen auf. Er hält es für »befremdlich«, dass mit Begriffen wie »Fridays for Future«, »Hatespeech«, »Influencer« oder »oldschool« »erneut viele Anglizismen Aufnahme fanden«. Deshalb benötige man ein Sprachgesetz:

> »Ich erinnere daran, dass im April 2016 eine Umfrage im Auftrag des STERN ergab, dass 53 Prozent der Befragten für ein ›Gesetz zum Schutz der deutschen Sprache‹ waren, das auch dazu beitragen mag, das Verantwortungsgefühl für die eigene Sprache allen Bürgern bewusst zu machen – denn in Deutschland hat niemand einen Rechtsanspruch auf die Akzeptanz anderer Sprachen zur Verständigung.«

Nach diesem unlogischen Argument – nur das Deutsche ist in Deutschland Amtssprache, also bedarf es des Schutzes – kommt er zu seinem Resümee:

> »Der neue Duden ist eine einzige linkspolitisch, genderideologisch und denglisch verzerrte Enttäuschung, die ihren großen Ahnherrn Konrad Duden im Grab rotieren lässt.«

Es ist wirklich erstaunlich, dass sprachpolitische Themen bei der AfD mit derartigen Pressemitteilungen bis in die Niederungen der Tagespolitik durchgedrungen sind. Der Referenzpunkt für die Funktionsträger der Partei ist dabei das Grundsatzprogramm, und es ist deshalb aufschlussreich, dieses hinsichtlich seiner sprachpolitischen Aussagen genauer in den Blick zu nehmen.

Ein Blick ins Grundsatzprogramm der AfD

Das Thema Sprache spielt im Grundsatzprogramm[181] der AfD aus dem Jahr 2016 eine herausgehobene Rolle. Von den 14 Kapiteln des Programms enthält eines, das siebte, »Sprache« sogar im Titel (»Kultur, Sprache und Identität«) und greift das Thema in zwei der sechs Unterkapitel explizit auf: »Deutsche Kultur, Sprache und Identität« und »Die deutsche Sprache als Zentrum unserer Identität«. Bereits zuvor ist in der Präambel des Programms die Bedeutung des Themas angeklungen, dort heißt es:

> Wir wollen die Würde des Menschen, die Familie mit Kindern, unsere abendländische christliche Kultur, unsere Sprache und Tradition in einem friedlichen, demokratischen und souveränen Nationalstaat des deutschen Volkes dauerhaft erhalten. (S. 11)

Die identitätspolitische Bedeutung der deutschen Sprache wird im siebten Kapitel gleich zu Beginn hervorgehoben:

> Unsere Kultur ist untrennbar verbunden mit der über Jahrhunderte gewachsenen deutschen Sprache. Diese spiegelt auf vielfältigste Weise die Geistesgeschichte, das Selbstverständnis dieses Raumes in der Mitte Europas und die Werthaltungen der Deutschen wider, die sich zwar stets verändern, aber dennoch einen einzigartigen Kernbestand aufweisen. Das Band der Sprache ist im allgemeinen Bewusstsein zu halten und zu schützen. (S. 93)

Die Behauptung, dass in der deutschen Sprache das Selbstverständnis, also die Identität, des »Raumes in der Mitte Europas« (Deutschland? Deutschsprachiger Raum?) und ein spezifisch deutsches Wertesystem kodiert sei, ist ein altbekannter Topos, der sprachwissenschaftlich durch nichts zu belegen ist.

Es genügt offensichtlich nicht, die Einzigartigkeit in der Sprache selbst zu sehen, sondern es erscheint der AfD erforderlich, diese mit Eigenschaften aufzuladen, die ihre Beherrschung kulturell mystifizieren und ihren »tiefen« Erwerb durch Einwandernde auch abzustreiten vermögen.

Entsprechend formuliert sie in ihrem Grundsatzprogramm eine Reihe konkreter Ziele, die dieser identitätsgeladenen Bedeutung der deutschen Sprache Rechnung tragen:

- Deutsch ins Grundgesetz: »Als zentrales Element deutscher Identität muss die deutsche Sprache dem Vorbild vieler anderer Länder folgend als Staatssprache im Grundgesetz festgeschrieben werden.« (S. 93)
- Deutsch als immaterielles Kulturerbe: Die AfD fordert »einen Aktionsplan, um die deutsche Hochsprache sowie die historisch gewachsenen regionalen Dialekte als immaterielles Kulturerbe der Menschheit langfristig zu erhalten und zu stärken.« (S. 93)
- Auswärtige Sprachpolitik: Das Goethe-Institut und andere kulturpolitische Instrumente seien einzubeziehen, »um für das Erlernen des Deutschen weltweit zu werben und dieses durch bilaterale Abkommen, Studienförderprogramme usw. nach Kräften zu fördern.« (S. 93)
- Deutsch in der EU: »Auf EU-Ebene will die AfD dafür sorgen, dass das Deutsche dem Englischen und Französischen auch in der alltäglichen Praxis gleichgestellt wird.« (S. 93)
- Deutsch an Hochschulen: »Deutsch soll als Lehrsprache erhalten werden.« (S. 102)

Diese Forderungen könnten bei aller Unschärfe durch politische Maßnahmen wie etwa eine Antragstellung bei der UNESCO, die Erhöhung des Etats des Goethe-Instituts und explizite institutionelle Sprachgebote und -verbote noch umgesetzt werden. Im gleichen Abschnitt folgen allerdings auch Äußerungen der Sorge über wahrgenommene Entwicklungen der deutschen Sprache, die sich kaum durch konkrete Maßnahmen, die mehr als nur symbolischer Natur wären, realisieren lassen:

- Ablehnung der Verwendung des Englischen in Deutschland: »Im Inland sieht die AfD mit Sorge, wie die deutsche Sprache im Sinne einer falsch verstandenen ›Internationalisierung‹ durch das Englische ersetzt [...] wird.« (S. 93)
- Ablehnung vermeintlicher Sprachvorgaben und »politischer Korrektheit«: »Politisch ›korrekte‹ Sprachvorgaben lehnen wir entschieden ab.« (S. 93), »Diese Allmacht [nämlich ›der Parteien und deren Ausbeutung des Staates‹, HL] ist Ursache der verbreiteten Politikverdrossenheit und nicht zuletzt auch Wurzel der gesellschaftsschädigenden Politischen Korrektheit und des Meinungsdiktats in allen öffentlichen Diskursen.« (S. 20)
- Ablehnung geschlechtergerechter Sprachverwendung: Die AfD sieht »mit Sorge, wie die deutsche Sprache [...] ›gegendert‹ wird«. »Die deutsche Sprache wird abstrus umgestaltet, damit sich die Geschlechteraufhebung auch im alltäglichen Sprachgebrauch wiederfindet. Die AfD lehnt die behördlich verordneten geschlechterneutralen Worterfindungen als Eingriff in die natürlich gewachsene Kultur und Tradition unserer Sprache ab.« (S. 109 f.)

Ein wichtiger Bereich der Sprachpolitik bleibt im Grundsatzprogramm der AfD allerdings weitgehend unterbelichtet: sprachliche Bildung. Diese scheint nur indirekt auf, und zwar im Zusammenhang mit der Betonung der Bedeutung der Sprache für die Integration: »Gelingende Integration fordert von Einwanderern jeden Alters nach einer angemessenen Zeit die Beherrschung der deutschen Sprache in Wort und Schrift [...]« (S. 124f.). Weiter heißt es auf Seite 128 des Grundsatzprogramms: »Für die AfD ist die deutsche Staatsangehörigkeit untrennbar mit unserer Kultur und Sprache verbunden.«

Auch im Zusammenhang mit der Religionsvermittlung taucht das Thema Sprache auf: »Imame sollen in deutscher Sprache an deutschen Universitäten ausgebildet werden, unabhängig von Weisungen des islamischen Auslands und von muslimischen Verbänden.« (S. 97) »Soweit ein bekenntnisorientierter islamischer Religionsunterricht stattfindet, fordern wir eine Islamkunde in deutscher Sprache für alle muslimischen Schüler.« (S. 108)

Ob der generelle Schutz von Sprache sich auch auf die in Deutschland gesprochenen Minderheitensprachen wie das Friesische oder das Sorbische bezieht, bleibt unklar: »Die AfD tritt dafür ein, dass die in Deutschland in ihren historischen Siedlungsgebieten ansässigen autochthonen Minderheiten und Volksgruppen unter staatlichem Schutz stehen.« (S. 186) Dass der hier erwähnte »staatliche Schutz« auch einen Schutz der Sprachen dieser Minderheiten umfasst, ist eine Auslegungsfrage, aber wohl anzunehmen.

Eine Kuriosität ist im Kapitel »Wirtschaft, digitale Welt und Verbraucherschutz« zu finden. Dort wird im Abschnitt 10.10, »Digitalisierung als Chance und als Herausforderung«, nach »quelloffener Software«, »sicherer Hardware« und »sicherer Kommunikation« auch auf die Digitalisierung von deutscher Literatur eingegangen:

> Die Digitalisierung der deutschen Literatur ist eine von Deutschland zu leistende, hoheitliche Aufgabe. Sie geht über den rein technischen Vorgang hinaus, [sic] und bedarf [...] der professio-

> nellen Fürsorge, die durch Experten für deutsche Sprache und Literatur zu leisten ist. Möglichen Lizenzzahlungen an ausländische Unternehmen zum Lesen digitalisierter deutscher Literatur ist durch Gesetzgebung vorzubeugen. (S. 139)

Offensichtlich hat man bei der AfD über eine Art »Anti-Google-Books-Gesetz« nachgedacht, das interessante urheberrechtliche Implikaturen aufwerfen würde. Zugleich weist dieser Passus darauf hin, dass das Aufkommen der *Digital Humanities* auch bei der AfD nicht unbemerkt geblieben ist.

Sprachpolitik bei anderen Parteien

Der Vergleich mit den sprachpolitischen Positionen der anderen im Bundestag vertretenen Parteien zeigt, dass es einen Kernbestand von immer wieder aufgegriffenen Themen gibt, der sich – teilweise mit unterschiedlichen Schwerpunktsetzungen – auch in anderen Parteiprogrammen findet. Sieben weitere Themen besetzt die AfD jedoch exklusiv:

	AfD	CDU	CSU	FDP	Grüne	Linke	SPD
Zusammengehörigkeit	x	x	x				
Migration/Integration	x	x	x	x			x
Religionsvermittlung	x	x					
sprachliche Bildung		x			x	x	x
Mehrsprachigkeit fördern		x		x			x
Sprache als Kulturgut	x	x					
Auswärtige Sprachpolitik	x	x	x		x		
Minderheiten-/Regionalsprachen	(x)	x			x	x	
Deutsch ins Grundgesetz	x						
Deutsch immaterielles Kulturerbe	x						
Ablehnung Anglizismen	x						
Ablehnung »Gendern«	x						
Ablehnung »Sprachverbote«	x						
Deutsch an Hochschulen	x						
Digitalisierung Literatur	x						

Vergleich der Parteiprogramme zu sprachpolitischen Positionen. Programm der CDU von 2007, CSU 2016, FDP 2012, Grüne 2020, Die Linke 2011 und SPD 2007.

Mit 12 bis 13 sprachpolitischen Positionen liegt die AfD damit weit vor der CDU mit acht und den weiteren Parteien mit nur zwei bis fünf Positionen.

Ist die AfD die einzige Partei, die sich derartig stark auf sprachpolitische Themen verlegt? Oder ist dies ein Spezifikum eher rechtsgerichteter Parteien? Ein Blick noch weiter an den rechten Rand des politischen Spektrums ist in dieser Hinsicht aufschlussreich. Obwohl das Parteiprogramm der NPD[182] aus dem Jahr 2010 mit gerade einmal 20 Seiten nur ein Zehntel des Umfangs des Grundsatzprogramms der AfD aufweist, sind sogar hier sieben sprachpolitische Positionen zu finden, von denen sich fast alle mit denen der AfD mehr oder weniger decken oder noch darüber hinausgehen (alle Zitate von Seite 17 des Programms):

- Sprachliche Bildung: »Das Bestehen eines Sprachtests als Bestandteil der Einschulungsuntersuchung ist Voraussetzung für den Schulbesuch.«
- Sprachliche Integration: »Die NPD lehnt die gemeinsame Unterrichtung deutscher und ausländischer Schüler ab, weil Ausländerkinder mit ihren meist nur mangelhaften Deutschkenntnissen das Unterrichtsniveau absenken und die Sprach- und Lesefähigkeit auch der deutschen Schüler beeinträchtigen.«
- Sprachwandel, Anglizismen: Die deutsche Sprache ist, »inklusive ihrer Dialekte, vor Primitivierung und Anglisierung zu schützen«.
- Deutsch in Wissenschaft und Wirtschaft: »Deutsch muß [sic] seinen ersten Rang als Wissenschafts- und Wirtschaftssprache zurückerhalten.«
- Ablehnung der Rechtschreibreform: »Die NPD hält die sogenannte Rechtschreibreform für gescheitert und befürwortet eine Rückkehr zur bewährten Rechtschreibung.«
- Deutsch ins Grundgesetz: »Der Schutz der deutschen Sprache muß [sic] Verfassungsrang erhalten.«
- Sprachliche Minderheiten: »Die Berücksichtigung landsmannschaftlicher Eigenheiten ist Ausdruck des politischen Selbstverständnisses der NPD.«

Lohnenswert ist es auch, sich die Programmatik von rechtsgerichteten Parteien in anderen deutschsprachigen Ländern anzusehen. Im mit 17 Seiten ebenfalls sehr knapp gehaltenen Programm der österreichischen FPÖ[183] etwa finden sich an sechs Stellen sprachpolitische Positionen, die in eine ganz ähnliche Richtung gehen wie die der AfD, vor allem solche mit einer deutlichen identitätspolitischen Ausrichtung.

Der VDS und die Parteien

Wie steht der Verein Deutsche Sprache zu der sprachpolitischen Agenda der AfD, die größtenteils dem entspricht, was man selbst jahrelang gefordert hat? Zum Scheitern der von der AfD beantragten Grundgesetzänderung, vorgestellt vom VDS-Mitglied Brandner, äußert sich der Verein in einer Pressemitteilung[184]. Man bedauere,

> dass auf der Bundestagssitzung am 2. März 2018 ein entsprechender Antrag der AfD von allen anderen Parteien abgelehnt wurde, leider auch von denen, die in der Vergangenheit eine solche Grundgesetzergänzung befürwortet hatten.

Weiter wird in der Meldung das VDS-Vorstandsmitglied Dietrich Voslamber zitiert:

> Für die Annahme oder Ablehnung eines Antrags dürfen nicht die wahren oder vermeintlichen Beweggründe des Antragstellers entscheidend sein, sondern einzig und allein die Frage, ob das durch die Annahme des Antrags erzielte Ergebnis erwünscht ist oder nicht.

Ich denke dagegen, die Beweggründe spielen eine wichtige, geradezu zentrale Rolle, zumal das »Ergebnis« nicht von vornherein feststeht, sondern durch die Auslegung und die Anwendung eines Gesetzes in Durchführungsverordnungen überhaupt erst entsteht. Aber der Verein betont tatsächlich immer wieder seine überparteiliche Ausrichtung. Mit einigem Geschick und guten Kontakten besetzt man Beiräte und Jurys mit ehemaligen Politikerinnen und Politikern, die wohl den Anliegen des VDS das Bild einer breiten gesellschaftlichen Verankerung einprägen sollen. So erscheinen im Beirat der »Stiftung Deutsche Sprache« neben dem CDU-Politiker Norbert Lammert auch der frühere FDP-Staatsminister im Auswärtigen Amt Helmut Schäfer und in der Jury des »Kulturpreises Deutsche Sprache« die ehemalige Kultusministerin der SPD in Schleswig-Holstein Waltraud »Wara« Wende.

Ein wichtiges Instrument des Vereins zur Demonstration von Überparteilichkeit bilden die Arbeitsgruppen in der Kategorie »Deutsch in der Politik«[185]. Neben »Wahlprüfsteinen« und Arbeitsgruppen zu »Sprachenpolitik in der EU« und »Deutsch ins Grundgesetz« sind es die Mitglieder von CDU, SPD, AfD, den Grünen, FDP, der Piratenpartei und neuerdings auch der Linken, die sich in diesen Arbeitsgruppen zusammenfinden sollen. Sehr lebendig sind die meisten davon nicht. In der Gruppe »CDU für klares Deutsch«[186] war neben dem Namen des Gruppenleiters Wilfried Böhm, eines inzwischen 86-jährigen ehemaligen Bundestagsabgeordneten, jahrelang keine einzige Information zu finden. Böhm war in der Vergangenheit zeitweilig dadurch bekannt geworden, dass er sich mit seiner »Stiftung Deutschlandlied« für die Verbreitung und das Singen der deutschen Nationalhymne einsetzte – von der ersten Strophe an.[187]

Die erst 2018 gegründete AG »SPD für gutes Deutsch«[188] wird von einem Kieler Neu-Parteimitglied geführt, die FDP-Vertretung[189] hatte Krämer für lange Zeit gleich selbst übernommen, inzwischen steht dieser AG ein Schüler vor, der sich bei den JuLis engagiert. Auf der Seite wird neben der VDS-Mitgliedschaft von Helmut Schäfer auch die des ehemaligen niedersächsischen FDP-Politikers und Ministers Walter Hirche verkündet. Auch bei der Vertretung der Piratenpartei, wie bei der Partei selbst, scheint nicht mehr viel zu passieren.

2020 allerdings wurden die Seiten dieser Partei-AGs überarbeitet. Nun erscheint oben gut sichtbar der Hinweis, dass man im VDS auf die Parteien Einfluss zugunsten der Sprachpflege ausüben wolle, sich aber nicht selbst von diesen beeinflussen lasse. In der CDU ist dem AG-Leiter Böhm eine junge Stellvertreterin an die Seite gestellt, und neben einer sehr moderat und vermittelnd gehaltenen Positionsbeschreibung zum Thema der geschlechtergerechten Sprache findet sich nun auch hier eine kurze Liste mehr oder weniger bekannter Parteimitglieder im VDS. Die entsprechende Liste bei der SPD wurde mit Wolfgang Thierse und Jürgen Zöllner sogar um zwei Unterzeichner des »Genderunfug«-Aufrufs erweitert, obwohl diese offenbar gar nicht dem VDS angehören.

Inwieweit die genannten Parteimitglieder aktiv in diesen Arbeitsgruppen mitwirken, bleibt ohnehin offen. Dem Verein ist es vermutlich wichtig, mit diesen Benennungen sein »Gewicht« zu erhöhen, wenn es darum geht, sich im politischen Raum Gehör zu verschaffen. Zudem ist deutlich zu erkennen, dass der VDS an einer Erfassung sämtlicher im Bundestag vertretenen Parteien interessiert ist, um dadurch die Überparteilichkeit seiner Anliegen zum Ausdruck bringen zu können – selbst wenn diese Arbeitsgruppen dann lediglich auf dem Papier bestehen.

Leiter der erst 2020 für oder von den Linken eingerichteten Arbeitsgruppe[190], deren Seite bislang keinen Inhalt hat, ist der Rechtsanwalt Klaus-Eckhard Walker. Dieser war von 1991 bis 2007 als SPD-Mitglied Oberbürgermeister von Rastatt, bevor er später, von Oskar Lafontaine persönlich vorgeschlagen, bei der Linken sein kommunalpolitisches Glück suchte. Die von ihm noch als Oberbürgermeister vertretenen Positionen lassen sich wohl am besten als »linkspopulistisch« beschreiben, wenn er etwa Asylbewerber »in den Kongo« zurückwünscht, »wo sie ums Feuer tanzen können, bis sie schwarz werden«.[191] Erstsprachigen Unterricht für Kinder mit Deutsch als Zweitsprache erteilte er als OB eine Absage, weshalb sogar der italienische Außenminister beim Kultusminister in Stuttgart vorsprach.[192] Später wurde die sich sträubende Stadtverwaltung zur Wiederaufnahme ihrer Unterstützung für diesen Unterricht gerichtlich verurteilt.[193] Inzwischen hat sich Walker aus der Politik zurückgezogen. Auf der Seite des VDS ist er dennoch mit einem alten Bild aus seiner Zeit als Oberbürgermeister zu sehen, bei dem im Hintergrund auf einer Fahne das Wappen der Stadt Rastatt zu erahnen ist.

Die einzigen wohl tatsächlich einflussreichen Gruppenleiter finden sich bei der AfD und bei den Grünen. Bei beiden handelt es sich um politische Publizisten neurechter Organe. Die VDS-Arbeitsgruppe der AfD[194] wird von dem schon erwähnten rheinland-pfälzischen Landtagsabgeordneten und ehemaligen Redakteur der »Jungen Freiheit«[195] Martin Louis Schmidt geleitet. Dieser gibt auf der VDS-Seite der AG einen Teil des »Kulturprogramms« der rheinland-pfälzischen AfD wieder. In diesem heißt es:

> Die mit der teilweisen Leugnung der biologischen Geschlechter zugunsten sogenannter ›sozialer Geschlechter‹ einhergehenden begrifflichen und grammatikalischen Kunstgriffe sind in unseren Augen nicht zuletzt sprachästhetische Vergewaltigungen.

Schmidt ist laut Landtagsangaben Sprecher des bundesweiten Arbeitskreises »Völker, Kulturen und Regionalismen« in der AfD und Mitglied des Bundeskonvents seiner Partei. In einem Positionspapier zur deutsche Sprache[196] finden sich in zum Teil wortgleichen Formulierungen die später im Grundsatzprogramm der AfD festgeschriebenen sprachpolitischen Positionen. Nicht ins Grundsatzprogramm geschafft haben es seine in diesem Papier niedergelegten Forderungen zum »Sprachschutz für Auslandsdeutsche«:

> Der deutsche Staat hat die Aufgabe, seine rund um den Erdball beheimateten Landsleute bei der Durchsetzung ihrer Grundrechte auf geeignete Weise zu unterstützen. Darüber hinaus sollte er hierzulande die Existenz dieser Spielarten unserer Kultur ins Bewusstsein rücken, ganz gleich ob es sich um die knapp außerhalb der deutschen Grenzen beheimateten Deutschen bzw. Deutschstämmigen handelt (Nordschleswig, Eupen-Malmédy, Elsass-Lothringen, Südtirol, Oberschlesien u. a.) oder um jene im überseeischen Raum von Amerika über das südliche Afrika bis nach Australien.

Südtirol liegt knapp außerhalb der deutschen Grenzen? Welche Grenzen genau sind gemeint? Interessant wäre es auch zu erfahren, wie etwa die Deutsch sprechende Bevölkerung in Rio Grande do Sul eine solche Vereinnahmung empfindet – und wie die brasilianische Regierung auf ein derartiges Anliegen des deutschen Außenministers reagieren würde.

Auch der VDS-Arbeitsgruppe »Bündnis 90/Die Grünen für gutes Deutsch«[197] steht eine interessante Persönlichkeit vor, der Publizist Rolf Stolz. Martin Louis Schmidt kennt ihn gut aus seiner Zeit bei der »Jungen Freiheit«, für die Stolz jahrelang als Kolumnist geschrieben hat. Stolz, auch Autor im verschwörungstheoretisch einschlägig ausgewiesenen Magazin »Compact«, hat das Geschäftsmodell des »dissidentischen Grünen-Mitglieds«[198] zur Perfektion geführt und damit auch mehrere Parteiausschlussversuche abwehren können[199]. Während er als Autor für Blätter wie die erwähnten sein Auskommen hat, können diese sich mit ihrer Liberalität brüsten, ein Urmitglied jener »links-grün versifften« Öko-Partei, wie sie dieses Milieu gern apostrophieren, bei sich veröffentlichen zu lassen. Auch Stolz spricht in der Beschreibung der VDS-Arbeitsgruppe von der »Identität des deutschen Volkes«, die als durch Sprache gegeben »unantastbar« sei. Und in einem Aufruf mit dem Titel »Gegen Hass und Gewalt! Für Debattenkultur« engagiert er sich 2019 nicht etwa gegen die oft genug von rechts kommende Hassrede, sondern für einen offeneren Umgang mit der – AfD.[200]

Was ist der VDS für die AfD?

All das belegt keineswegs eine enge organisationelle Verflechtung zwischen dem Verein Deutsche Sprache und anderen Parteien, insbesondere der AfD, und als eine von der AfD gesteuerte Vorfeldorganisation lässt der VDS sich wohl nicht bezeichnen. Es ist auch zu vermuten, dass viele Mitglieder politisch eher moderate Positionen vertreten und sich vor allem für die deutsche Sprache engagieren wollen. Selbst in manchen Leserbriefen in den »Sprachnachrichten« werden abwägende Stimmen laut, die die oft auch sprachlichen Auswüchse der verschiedenen vom Verein geführten Sprachkämpfe kritisieren.

Auf der anderen Seite gibt es unstrittig ein politisches Interesse der AfD an den Positionen, die der VDS vertritt. Warum das so ist, werden wir im nächsten Kapitel näher beleuchten. Dass aber diese Positionen im rechten Bereich des politischen Spektrums aufgegriffen wurden, hat sicherlich auch etwas damit zu tun, dass es mit dem VDS eine Organisation gab und gibt, die sie effektiv vertritt. Der VDS verknüpft über diese Positionen seine Mitglieder mit der AfD, die für diese Partei über andere Felder der Politik vermutlich oftmals weniger gut zu erreichen wären. Mit der immer wieder aufs Neue erfolgenden Berufung auf den VDS kann sich die AfD ein strategisches Reservoir potenziell Sympathisierender erschließen, ohne dabei Themen adressieren zu müssen, mit der sie ein gemäßigtes Bürgertum eher abschrecken würde.

Aber auch die Führung des VDS hat einiges dazu beigetragen, ihre eigenen Mitglieder für eine neurechte Partei wie die AfD anschlussfähig zu machen. In der Zuspitzung, die oft genug bis zur Ausfälligkeit geht, hat der Vorsitzende des VDS, Walter Krämer, in der Debatte um die deutsche Sprache mit seinen Verlautbarungen und Artikeln einen Stil etabliert, der zuweilen wie eine Vorform dessen erscheint, was heute bei »Achse des Guten«, »Tichys Einblick« oder »Compact« zu lesen ist. In den Pressemitteilungen der AfD werden die gleichen Themen behandelt wie in denen des VDS, und meistens werden dabei sogar die vom VDS geprägten Formulierungen aufgegriffen.

In den sozialen Netzen oder in Leserbriefen kann man sehen, wie dieses Vorgehen Früchte trägt. Immer und immer wieder werden etwa in der FAZ Leserbriefe abgedruckt, in denen sprachkritische Artikel zustimmend aufgegriffen und in einen allgemeinpolitischen Zusammenhang gebracht werden. Es ist dann kein sehr weiter Weg beispielsweise von der Zuschreibung »ideologischer Verbohrtheit«, von »Unfug«, »lächerlichem Sprachgestammel« und Orwell'schem »Neusprech« zur Behauptung, dass »der Bevölkerung ein Sprachstil aufoktroyiert werden« soll, weil es nicht vorstellbar sei, dass öffentlich-rechtliche, durch »Zwangsbeiträge« finanzierte Sender »Sprechern eigenständig ›genderndes‹ Artikulieren zubilligen« würden, sondern dies nur nach dem »exzentrischen Willen einer ideologisierten Minderheit mit der willentlichen Unterstützung öffentlicher und von der Allgemeinheit finanzierter Institutionen« geschehen kann.[201]

Auch die Vereinsstrategie, bei ihren Initiativen und Aktionen auf die öffentlichkeitswirksame Unterstützung von Politikerinnen und Politikern zu setzen, die vielleicht früher als andere erkannt haben, wie gut über das Thema der deutschen Sprache der noch verbliebene Teil eines konservativen Bürgertums zu erreichen ist, mag zur allgemeinen Politisierung der Vereinsanliegen beigetragen haben. Diese Politisierung ist es, die dem Verein das Spektrum potenzieller Mitglieder verengt, und mit ihr wird man sich längerfristig des Lebenselixiers eines beständigen Zustroms neuer, jüngerer und politisch moderater Mitglieder berauben.

Es ist also wohl nicht ganz falsch zu sagen, dass der VDS der AfD den Teppich dafür ausgerollt hat, das Thema »deutsche Sprache« als einen moderaten Ersatznationalismus etablieren zu können. Vielleicht war das so nicht gewollt, aber es ist schon genug Zeit verstrichen, um sich in der Sache und im Stil davon zu distanzieren. Geschehen ist das bislang nicht.

6 SPRACHKAMPF – IDENTITÄRE POLITIK MIT ANDEREN MITTELN

Die zentrale Frage bei der Betrachtung des durch die AfD geführten Sprachkampfs ist die, warum sie diesen überhaupt führt. Keine der anderen im Bundestag vertretenen Parteien sieht es offenbar als notwendig an, sich auf dem Feld der Sprachpolitik zu profilieren, ja sich überhaupt derartige Ziele zu setzen. Ist der AfD so sehr an der deutschen Sprache gelegen, dass sie ganz uneigennützig dieses Kulturgut schützen und fördern möchte?

Kulturelle »Identität« – Patriotismus für das Bildungsbürgertum

Die AfD selbst gibt an verschiedenen Stellen eine Antwort auf diese Frage. Zwar wird in ihrem Antrag[202] auf Änderung des Grundgesetzes zur Aufnahme des Deutschen als Landessprache das Wort »Identität« vermieden und lediglich an einer Stelle von »gemeinschaftlicher Identifikation« gesprochen. In ihrem Grundsatzprogramm[203] jedoch kommt der Begriff gleich zehn Mal vor, etwa in der Präambel des Kapitels »Kultur, Sprache und Identität«:

> Kultur ist […] die zentrale Klammer, in der sich auch ein neues Politikverständnis sehen muss. Unser aller Identität ist vorrangig kulturell determiniert. Sie kann nicht dem freien Spiel der Kräfte ausgesetzt werden. Vielmehr soll ein Bewusstsein ge-

> stärkt werden, welches kulturelle Verbundenheit wahrnimmt, fördert und schützt. Für die AfD ist der Zusammenhang von Bildung, Kultur und Identität für die Entwicklung der Gesellschaft von zentraler Bedeutung. (S. 91)

In diesem Abschnitt wird deutlich, welch zentrale Position der Begriff der Identität im Politikverständnis der AfD einnimmt. Kultur bestimmt die gemeinsame Identität, und die deutsche Sprache ist ein wesentlicher Teil davon, wie es im Unterabschnitt »Die deutsche Sprache als Zentrum unserer Identität« heißt (S. 93):

> Unsere Kultur ist untrennbar verbunden mit der über Jahrhunderte gewachsenen deutschen Sprache. Diese spiegelt auf vielfältigste Weise die Geistesgeschichte, das Selbstverständnis dieses Raumes in der Mitte Europas und die Werthaltungen der Deutschen wider, die sich zwar stets verändern, aber dennoch einen einzigartigen Kernbestand aufweisen.

Bereits zuvor wurde ausgeführt, worin die Bedrohung besteht (S. 92):

> Die Ideologie des Multikulturalismus, die importierte kulturelle Strömungen auf geschichtsblinde Weise der einheimischen Kultur gleichstellt und deren Werte damit zutiefst relativiert, betrachtet die AfD als ernste Bedrohung für den sozialen Frieden und für den Fortbestand der Nation als kulturelle Einheit.

In ähnlicher Weise stellt diese sprachpolitische Intention auch das damalige VDS-Beiratsmitglied Johannes Heinrichs bei seinem Hauptvortrag auf der Delegiertenversammlung des Vereins 2011 in Landshut heraus:

> [Wir] müssen die einseitig sprachpflegerische Haltung und den binnenphilologischen Horizont zugunsten der [sic] sprachpoli-

> tischen Bewusstseins und Zielsetzung aufgeben und das Problem der kulturellen Identitäten sehen, also der kulturellen Gemeinschaften, sofern sie sich durch das Medium der Sprache definieren.[204]

An anderer Stelle in seinem Vortrag heißt es:

> Ein Kulturvolk, das seine Wissenschaft nicht mehr in seiner eigenen Sprache betreiben kann, gibt sich in seiner kulturellen Identität auf. [...] Es geht heute um Sprache als Medium kultureller Identität.

Sprache ist danach nicht einfach nur ein Kommunikationsmittel, sondern kodiert und bewahrt eine kulturelle Prägung. Das »Selbstverständnis« des »Raumes in der Mitte Europas« und die »Werthaltungen der Deutschen«, wie es die AfD schreibt, bilden zusammen mit der deutschen Sprache nach dieser Auffassung zwei Seiten ein und derselben Medaille. Im Umkehrschluss bedeutet dies, dass man die deutsche Kultur nur erfassen kann, wenn man außer der Sprache auch das besagte Selbstverständnis und die Werthaltungen teilt. Sprache allein genügt also nicht, um der deutschen Eigentlichkeit teilhaftig zu werden. In einer Zeit, in der Begriffe wie »Nation« oder »Volk« (und erst recht »Rasse«) als verdächtig erscheinen, erweist sich ein in dieser Weise ethnokulturell aufgeladener Sprachbegriff somit als geeignet, die als notwendig angesehene Abgrenzungsfunktion zu übernehmen.

In kaum noch zu übertreffender Knappheit wird diese Haltung anlässlich der neuen Duden-Ausgabe vom Parlamentarischen Geschäftsführer der baden-württembergischen Landtagsfraktion Anton Baron im August 2020 in einem Tweet zum Ausdruck gebracht:[205]

> In der neuen Duden-Ausgabe wird »korrekt« gegendert! Auch überflüssige Anglizismen wie »Lifehack« und »Hatespeech« fehlen nicht. Für die #AfD ist klar: Es muss eine sprachpolitische #Kehrtwende her! Denn die #Sprache ist das Herzstück unserer nationalen #Identität. #Duden

»Holen wir uns unsere Sprache zurück!«, heißt es auf der dem Tweet beigefügten Abbildung. An diesem Beispiel ist besonders gut zu erkennen, wie man für die deutsche Sprache durch eine inszenierte Bedrohungslage in den Sprachkampf zieht, um dadurch einer mit dem Begriff der Identität kaschierten nationalistischen Politik zum Durchbruch zu verhelfen.

Dabei kann Sprache durchaus Identität bewirken: Alle Menschen, die einen Dialekt sprechen, wissen, wie sehr das Bild der Herkunftsregion und ein Gefühl von Heimat durch nur wenige Wörter hervorgerufen werden können. Dialektal oder regional gefärbte Sprache besitzt eine identitätsstiftende Wirkung in einem ganz direkten Sinne. Jeder mag damit etwas anderes verbinden, doch sollte man diese Form einer durch Sprache empfundenen Verortung nicht durch eine übersteigerte, nationalistisch aufgeladene Auffassung sprachlicher Identität kapern lassen.

Sprachnationalismus bis 1945

Die Instrumentalisierung von Sprache für politische Zwecke ist nicht neu. In seinem 2019 erschienenen Buch »Die Sprachreiniger« erzählt Karl-Heinz Göttert die Geschichte des Allgemeinen deutschen Sprachvereins, von seiner Gründung 1885 bis zu seinem Untergang 1945. Nachdem 1871 der erste deutsche Nationalstaat gegründet worden war und die Gegnerschaft zu Frankreich damit institutionalisiert wurde, waren es die Fremdwörter, die in den Fokus gerieten, weil sie das reine Deutsch nach Ansicht der Sprachschützer wie illegale Einwanderer durchsetzten.

Von Anfang an ging es bei diesem langen, oft erfolgreichen Kampf gegen die damals vorwiegend aus dem Französischen stammenden Wörter, die »wälschen Sudelwörter«[206], nicht einfach nur um die deutsche Sprache, sondern um das Deutschtum als solches. »Kaum ein Medium nationalistischer Vorstellungen erwies sich zu deren Ausbildung als so geeignet wie die Sprache«[207], schreibt Göttert und belegt dies mit der vom ersten Tag an verfolgten Zielsetzung des Vereins. Schon in seiner ersten Satzung aus dem Jahr 1886 ist davon die Rede, die »Erhaltung und Wiederherstellung des echten Geistes und eigentümlichen Wesens der deutschen Sprache« pflegen zu wollen, um auf diese Weise »das allgemeine nationale Bewusstsein im deutschen Volke zu kräftigen«.

Sprachpurismus scheint es eigen zu sein, sich nach und nach zu radikalisieren. Wurde bis zum Ersten Weltkrieg aus den zunächst eher harmlosen Sprachreinigungsaktionen ein vollwertiger Sprachnationalismus, entwickelte sich daraus in der Zeit des Nationalsozialismus ein veritabler Sprachrassismus:

> [D]as Wesen der deutschen Sprache [ist] an die Werte der arischen Grundsprache gebunden und [steht und fällt] mit ihnen, so etwa wie das Wesen des gesamten deutschen Volks- und Menschtums ohne die nordische Grundlage undenkbar ist.[208]

So schrieb es etwa ein Wiener Gymnasiallehrer 1936 in der Vereinszeitschrift »Muttersprache«. Oder wie es der Vereinsfunktionär Georg Schmidt-Rohr, später Abteilungsleiter in der Forschungsabteilung der SS, dem »Ahnenerbe«, 1935 formulierte: »Der Geist des Rassetums erscheint in der geschichtlichen Wirklichkeit als Sprache.«[209] Im ADSV, der sich nach seiner bereitwilligen Gleichschaltung inzwischen schlicht »Sprachverein« nannte, sprach man folgerichtig von »Sprachpflege als Rassepflicht«, mit der diese als »artgegründete Sprachzucht« verstanden wird, die »auf dem Wege einer bewußten Wortaufartung einen neuen Adel der Sprache«[210] schafft. Konsequenterweise verstand sich der Sprachverein selbst als »die SA unserer Muttersprache«.

Schon in der Zeit des Nationalsozialismus waren also Stimmen gegen das Rasse-Konzept und seine Beschränkungen laut geworden, denen es darum ging, die Grundlagen für eine imperialistische NS-Nachkriegspolitik zu schaffen. Es ging um eine nationalsozialistische Theorie, die statt auf der Rasse auf der Sprache fußte, ein Rassismus ohne Rassen.

Von kultureller Identität zu identitärer Sprachpolitik

Heute vermag also das Konzept der kulturellen Identität politisch gute Dienste zu leisten. Der Begriff der Identität wird allerdings seit geraumer Zeit auch in Verbindung mit »Identitätspolitik« verwendet. Damit werden die politischen Aktivitäten zur Unterstützung von Emanzipationsbestrebungen diskriminierter sozialer Gruppen bezeichnet, die vor allem im eher linken Teil des politischen Spektrums als Element einer umfassenden Gerechtigkeits- und Emanzipationsagenda betrieben werden. Linke Identitätspolitik beinhaltet es, solche Gruppen darin zu unterstützen, sich überhaupt erst als Gruppe wahrzunehmen und sich in einer eigenständigen Identität politisch zu konstituieren.

So wichtig die gesellschaftlichen Errungenschaften derartiger linker Identitätspolitiken auch sind, sind sie heute doch nicht unumstritten. Die grundlegende Auffassung von der

Gleichheit aller Menschen gerät in einen Konflikt mit der Betonung von Verschiedenheit, die alte linksliberale Grundhaltung in einen Gegensatz mit neuartigen, zuweilen als »linksidentitär« bezeichneten Zielsetzungen.[211] Die damit einhergehende Aufsplitterung gefährdet den Zusammenhalt der Gesellschaft als Ganzes, führt zu einem neuen »Tribalismus« und zu einem Erstarken populistischer Tendenzen, wie Francis Fukuyama diagnostiziert hat.[212] Er schlägt vor, dem eine Identität entgegenzustellen, die auf den Werten westlicher Demokratien basiert und eine möglichst umfassende und vollständige Integration von Zugewanderten anstrebt.

Mit der Betonung von Identität durch die Neue Rechte ist also keineswegs diese bei der Linken zu findende Auffassung von Identität gemeint, aufgrund derer sich gesellschaftliche Gruppen abgrenzen und politisch artikulieren, sondern – ganz im Sinne von Fukuyama – vielmehr eine solche, die die Grundlage einer Gesellschaft als Ganzes bildet. Anders als bei Fukuyama verbindet sich diese in der Programmatik der AfD allerdings mit Begriffen wie Kultur, Volk, Heimat, Sprache, Tradition, Familie oder Ordnung. In diesem Zusammenhang kann deshalb nicht von Identitätspolitik gesprochen werden. Es handelt sich vielmehr um einen weitaus umfassenderen Politikentwurf, der auf einem ganz bestimmten Verständnis von Identität beruht und Identität selbst zum Gegenstand politischer Forderungen erhebt. Ein solcher Politikentwurf soll im Folgenden als »nationalidentitär« oder einfach »identitär« bezeichnet werden.

Nationalidentitäre Politik ist weit mehr als die Politik der »Identitären Bewegung«, jener europäischen Jugendbewegung, deren deutscher Zweig mittlerweile vom Verfassungsschutz als rechtsextremistischer Beobachtungsfall eingestuft wird. Die Positionen, Aktionen und Slogans der »Identitären Bewegung« lassen aber besonders klar die Gründe dafür hervortreten, warum das Konzept der Identität in den Mittelpunkt einer scheinbar neuen Politik gestellt werden kann, deren Ideen altbekannt sind: Identität kennzeichnet das, was früher einmal als Volksgemeinschaft bezeichnet wurde, und das für die »Identitäre Bewegung« so zentrale Konzept des Ethnopluralismus steht für einen ins Europäische geweiteten Nationalismus.

An dieser Stelle wird sichtbar, warum sich Sprachpolitik so gut als ein Mittel nationalidentitärer Politik eignet. Identitäre Sprachpolitik erlaubt es, die Werte einer so verstandenen Identität in einer attraktiven Gewandung mehrheitsfähig zu vermitteln: Sprache wird als Teil einer umfassenden Kultur angesehen, deren Errungenschaften identitätsstiftend sind und die in der Sprache bewahrt werden. Zugehörigkeit wird durch Sprache definiert, und die Hürden einer kulturellen Integration durch die in der Sprache kodierte Eigentlichkeit, die es für jemanden, der dazugehören will, erst einmal zu erfassen gilt, werden über das Erlernen der Sprache hinaus erhöht. Uralte kulturhistorische Traditionen sind danach im Meer der sprachlichen Identität herabgesunken und wurden sedimentiert im traditionellen Wertesystem in seiner begrifflichen Ordnung. Beides wiederum wird durch die Missachtung der identitätsstiftenden Tiefe der Sprache entstellt und zerstört, etwa durch Anglizismen, Gendersprache oder »politische Korrektheit«. – Die AfD setzt wie keine andere Partei auf Sprachpolitik, weil sie dadurch die Elemente ihrer nationalidentitären Politik geradezu idealtypisch transportieren kann. Identitäre Sprachpolitik wird so zum trojanischen Pferd der Neuen Rechten.

Aber auch linke Identitätspolitik ist auf dem Feld der Sprache unterwegs. Geschlechtergerechte Sprache, die Vermeidung kolonialrassistischer Wörter und Namen oder die Berücksichtigung des Selbstverständnisses gesellschaftlicher Gruppen in deren Bezeichnung – das, was abwertend »politische Korrektheit« genannt wird – lassen sich als Elemente einer linken Identitätspolitik verstehen. Es gehört geradezu zum Kern einer jeden Identitätspolitik, die durch sie angesprochenen Gruppen auch sprachlich zu emanzipieren. Anders als die identitäre Sprachpolitik jedoch, die als Instrument der Verdeckung einer nationalidentitären Politikagenda dient, wird linke Sprachpolitik als eines der Aktionsfelder identitätspolitischer Projekte offen benannt.

Ich denke, dass sich mit den Kampfverbänden der linken Identitätspolitik einerseits, der nationalidentitären Politik andererseits keineswegs zwei gleichrangige Gegner gegenüberstehen. Die politische Strukturschwäche der linken Identitätspolitik rührt daher, dass sich durch ihren grundlegend internationalistischen Ansatz eine Umsetzung im nationalen Rahmen, etwa als Thema einer Bundestagswahl, sehr viel schwieriger gestaltet, als es sich für die AfD mit ihrem Konzept der kulturellen Identität darstellt. Hinzu kommt die zwangsläufige Ausrichtung auf Kategorien wie Gender und Geschlecht, sexuelle Orientierung, Ethnie, Unterdrückung, Gerechtigkeit, Individualität, Teilhabe und so weiter. Dem stehen die ihrer Natur nach sehr viel breiter angelegten Kategorien einer nationalidentitären Politik gegenüber, wie sie weiter oben bereits erwähnt wurden: Kultur, Volk und Heimat beispielsweise. Eine internationalistische linke Identitätspolitik, aufgebaut auf eher partikularistischen Kategorien, kann auf Dauer ihre Stellung gegen die nationalidentitäre Politik der Neuen Rechten mit ihrer auf Ganzheitlichkeit ausgerichteten Kategorienfestung nicht behaupten.

Elemente einer identitären Sprachpolitik

Identitäre Sprachpolitik lässt sich in Hinsicht auf die aktuellen Sprachkämpfe glatt durchdeklinieren. Den Ausgangspunkt bildet jeweils einer der Grundwerte nationalidentitärer Politik. Aus diesem leitet sich ein konkretes politisches Ziel ab. Die Kritik an einer sprachlichen Erscheinung wird als ein Mittel verstanden, dieses Ziel zu erreichen oder dessen Erreichung zu unterstützen. Die Anwendung des Mittels der Kritik in einem Angriff hat den Zweck, den Gegner zu diskreditieren und sich selbst aufzuwerten. Beim Angriff wird die eigene Position durch Argumente und Überzeugungen abgesichert, die zu dem grundlegenden Wert passen, diesen aber zugleich kaschieren. Sehen wir uns diesen Zusammenhang am Beispiel einiger der in den vorangegangenen Kapiteln dargestellten Sprachschlachten an.

Das »klassische« Feld des Sprachpurismus ist zweifellos die Fremdwortkritik. Der Allgemeine deutsche Sprachverein berief sich in seiner Kritik auf die Reinheit und die Schönheit der deutschen Sprache, um dadurch den Wert der Nation und ihrer Kongruenz mit der Sprache zu vermitteln. Politisches Ziel war es, Anspruch und Geltung der eigenen Nation zu erhöhen, und mit dem Mittel der Sprachkritik alle diejenigen, die dies ablehnten, als unpatriotische Schädlinge zu brandmarken. Dem heutigen parlamentarischen Sprachpurismus geht es eher um die Ablehnung der Globalisierung und die Rückkehr zum vermeintlich Eigenen, also um eine Art Antiinternationalismus, der seinen Gegnern über die Anglizismenkritik die naive oder strategische Hinnahme angloamerikanischer Kulturzerstörung vorwirft.

Auch die Kritik an geschlechtergerechtem Sprachgebrauch lässt sich bruchlos in dieses Deutungsraster einfügen. Unter Berufung auf eine gegebene biologische Ordnung wird bei dieser Form der Sprachkritik der zugrunde liegende Wert der traditionellen Familie beschworen, um dadurch bestimmte gesellschaftspolitische Ziele zu vermitteln, Ziele, denen die Propagierung andersartiger Formen des Zusammenlebens widerspricht. Um dies zu ermöglichen, werden die politischen Gegner lächerlich gemacht oder als wahnsinnig bezeichnet, während ihr Anliegen als »Vergewaltigung« oder »Entstellung« des reinen, schönen Körpers der deutschen Sprache bezeichnet wird.

Wer sich auf den »gesunden Menschenverstand« beruft, beruft sich auf die Mehrheit, auf die noch nicht erkrankten, verdorbenen Mitglieder der Gesellschaft, auf die Rechtschaffenen und Pragmatischen – kurz: auf das Volk oder auf das, wofür man dieses Wort politisch gelten lassen will. Dem »gesunden Menschenverstand« wird die »politische Korrektheit« gegenübergestellt, jene vorgebliche Ausgeburt identitätspolitisch Verwirrter, die mit totalitären Methoden versuchen, das Volk einer ideologischen Gehirnwäsche zu unterziehen. Dem sich zu widersetzen wird als legitim, als »normal« dargestellt und damit die Respektlosigkeiten populistischer Diskurspraktiken legitimiert. Es ist »normal«, diffamierende Bezeichnungen für andere Menschen zu verwenden, wenn es der »gesunde Menschenverstand« gradlinig denkender Menschen als Beschränkung der Meinungsfreiheit ansieht, andere zu beleidigen. Diffamierende Propaganda und Inzivilität werden als Notwehr im Sinne von Volk, Ordnung und Rechtsstaatlichkeit verkauft.

Schließlich der Schutz der deutschen Sprache selbst: Es geht, wie wir gesehen haben, nicht einfach nur um die Möglichkeiten und Grenzen sprachlicher Kommunikation, es geht um die identitäre Kraft einer als allumfassend verstandenen Kultur, in der die deutsche Sprache unverrückbar verankert ist. Wer also »Deutsch ins Grundgesetz« ablehnt, lehnt die deutsche Kultur schlechthin ab, ja die deutsche Identität, und gehört nicht mehr dazu, weil er das Eigene verrät.

Verfechter einer identitären Sprachpolitik wollen ihre Gegner also als entweder naive oder totalitäre antideutsche Internationalisten hinstellen, die gegen die deutsche Sprache symbolische Straftaten begehen. Die Konsequenzen sind klar: Das unschuldige Opfer muss mit allen Mitteln geschützt werden, und jedem Rechtschaffenen und Aufrechten ist es eine moralische Pflicht, den Bösewichtern das Handwerk zu legen.

Clausewitz hätte seine Freude gehabt: Der Sprachkampf erweist sich als ein Mittel zur Erreichung der Ziele einer identitären Sprachpolitik mit dem Zweck, den Gegner »zur Erfüllung unseres Willens zu zwingen«, seine eigenen Handlungen nämlich gänzlich zu beenden. Sprachkampf als identitäre Politik mit anderen Mitteln.

7 FRONTBESICHTIGUNG: SPAZIERGANG DURCH EIN UMKÄMPFTES BIOTOP

Militärischen Auseinandersetzungen zwischen zwei Staaten liegen oft ideologische Differenzen zugrunde. Zwar geht es in konkreten Konflikten zumeist um ebenso konkrete wirtschaftliche oder politische Interessen, doch bilden Ideologien die Grundlage dafür, solche Interessen mit Sinn und Legitimation zu versehen.

Metaphern für Sprachideologien

Anja Stukenbrock hat in ihrem Buch[213] zur »Sprachreflexion als Medium kollektiver Identitätsstiftung in Deutschland«, so der Untertitel, gezeigt, wie auch der Sprachnationalismus seit dem 17. Jahrhundert auf wechselnden sprachideologischen Überzeugungen beruht. Man kann diese anhand der Metaphorik beschreiben, die dafür herangezogen wird. Im 19. Jahrhundert etwa war es die des Rechts, mit der die »Einbürgerung« oder »Verbannung« von Wörtern beschrieben wurde oder die »Bestrafung« aufgrund eines unangemessenen Fremdwortgebrauchs. Konjunktur hatte auch die Knechtschaftsmetaphorik, wenn von der »Vaterlandsvergessenheit« oder dem »Joch der Welschen« gesprochen wurde. Die biologistisch-pathologisierende Metaphorik ist uns schon beim Verein Deutsche Sprache untergekommen, und auch im 19. Jahrhundert wurde die Sprache schon als »Pflanze« oder als »Lebewesen« betrachtet, dessen »Körper« durch »Krankheiten« entstellt und zerstört werden könne. Auch militarisierende Metaphern waren in einer Zeit, in der sich reale Armeen an der deutsch-französischen Grenze waffenstarrend gegenüberstanden, beliebt. Sprachen sind dabei »Waffen« oder »Heere« und werden in »Kriege« geführt, durch die der kulturelle Kampf bezeugt wird, der den militärischen flankiert.

Die Fortführung derartiger Metaphern im 20. Jahrhundert erlebte vor allem in der Zeit des Nationalsozialismus einen unrühmlichen Höhepunkt, wenn von Sprachen als »Seuchen«, Wörtern als »Volksschädlingen« und in der Fortführung auch von »Vernichtungskriegen«, die gegen andere Sprachen zu führen wären, gesprochen wurde. Dem steht das »Blutwunder« der »Mutter Sprache« gegenüber, das die Verbindung mit dem gesamten wahnhaften Kosmos der nationalsozialistischen Rasseideologie herstellt.

Die heute gebräuchlichen Metaphern stellen eher die Schutzbedürftigkeit als solche in den Vordergrund. Die deutsche Sprache besitzt nach einer davon einen schönen »Körper«, der »entstellt« und »vergewaltigt« wird und den es zu »schützen« gilt. Ihr Wesen ist »rein« oder »klar« und auf natürliche Weise gewachsen. Das heutige Deutsch besitzt wie der Spross einer Adelsfamilie die Tiefe eines weit in die Vergangenheit reichenden Stammbaums, durch den ihr historischer Anspruch und die Geltung der in ihr enthaltenen Erfahrungen bis in die Gegenwart überliefert werden. Einer solchen Familie kann man nicht einfach beitreten, man muss in sie hineingeboren sein.

Die Vorstellung von der deutschen Sprache als eines Kulturgutes lässt sich durch einen zweiten Metaphernkomplex beschreiben. Als kulturelles Gebilde kann das Deutsche als ein

Garten angesehen werden, der seit Langem gehegt und vor Verwilderung geschützt wird. Die Pflanzen, Rabatten und Rasenflächen sind das Ergebnis langer Zucht und Pflege, und die Gestaltung des Gartens folgt einem sinnreichen Plan. Vielleicht wird hier und da auch einmal etwas Neues gepflanzt, doch darf dabei nicht gegen diesen Plan verstoßen werden. Der Garten ist umzäunt und bedarf des Schutzes, um unbefugte Benutzung zu unterbinden. Natürlich darf in diesem Garten niemand einfach sein Zelt aufschlagen oder ein Gemüsebeet anlegen.

Das Biotop als Sprachmetapher der Wissenschaft

In der Sprachwissenschaft, in der man heute den Sprachgebrauch in seiner ganzen Vielfalt erfasst und seine Veränderungen dokumentiert, treten andere Eigenschaften der Sprache in den Vordergrund. Diese bieten einen Ansatz, für die öffentliche Diskussion ein alternatives Bild der Sprache zu zeichnen, das anknüpft an die heutige Sichtweise auf die komplexen Zusammenhänge in der Natur.[214] Es ist das Bild der Sprache als eines Bestandteils eines kulturellen Ökosystems wie etwa des Wassers in einem Feuchtbiotop. Die Tiere und Pflanzen, die in diesem Feuchtbiotop leben, bilden zusammen mit dem Wasser, der Luft, dem Klima und den geografischen Gegebenheiten ein Ökosystem, das, sofern sich keine der Rahmenbedingungen grundlegend ändert, zu einem Gleichgewicht findet.

Kontinuierlicher Zufluss und Abfluss von Wasser kann nach und nach seine Zusammensetzung verändern, und durch Gewässerverbindungen besteht auch für die Lebewesen eine Verbindung in benachbarte Biotope; vielleicht siedeln sich auch neue Tiere und Pflanzen an, die von dort kommen. Die Lebewesen im Biotop benötigen das Wasser zum Überleben, ohne dass sie sich dessen vollständig bewusst sind und ohne dass sie die genaue Zusammensetzung des Wassers kennen. In manchen Bereichen des Biotops kann das Wasser sehr trübe sein, in anderen klar, an einer Stelle fließt es schneller, woanders mag es stehen. Entsteht in der Uferböschung ein Durchbruch, fließt das Wasser sofort hindurch und breitet sich aus, um vorher trocken gelegene Gebiete zu durchfluten.

Natürlich kann auch auf ein solches Biotop von außen Einfluss genommen werden. Es können Sicherungen der Ufergebiete vorgenommen und Verbindungskanäle angelegt werden. Was aber nicht gelingt, ist, das Biotop als ein Ökosystem so zu steuern, dass es sich in einer vorgegebenen Weise entwickelt. Es gibt zu viele ökologische Einflussfaktoren, und ihr genaues Zusammenwirken ist noch immer unbekannt. Man kann das Biotop jedoch schützen und dafür sorgen, dass es die Fähigkeit bewahrt, immer wieder von selbst einen optimalen Zustand als Ökosystem einzunehmen.

Ein solches Biotop kann auf unterschiedlichen Ebenen betrachtet und erforscht werden. Auf der untersten Ebene geht es um den Stoffwechsel, den die Lebewesen im Wasser haben: Was nehmen sie auf, was geben sie wieder ab (Sprechen, Schreiben, Hören, Lesen), wie entwickelt sich der Stoffwechsel (Spracherwerb), wann und in welcher Weise reagiert er auf die Umwelt (Sprachgebrauch)? Auf der nächsthöheren Ebene kann man das Wasser als solches betrachten: Wie ist es zusammengesetzt (Grammatik, Lexik), wie verändert es sich im Laufe der Zeit (interne Sprachgeschichte, Sprachwandel) und worin unterscheidet es sich vom einen zum anderen Feuchtbiotop (Sprachvariation, -vergleich, -typologie). Schließlich kann auf der obersten Ebene danach gefragt werden, wie das Biotop als Ganzes funktioniert, wie das Wasser zu seinem Entstehen und Vergehen beiträgt, welche Faktoren zur ständigen Auffrischung des Wassers beitragen und welche zu brackigem Stillstand (externe Sprachgeschichte, kulturelle und gesellschaftliche Einbettung von Sprache). Wir können das Wasser nur verstehen, wenn wir es auf allen diese Ebenen zu verstehen versuchen.

Einige Vorschläge: Geschlechtergerechte Sprache

Ob dieses Bild zum Sprachfrieden beitragen kann? Ich glaube es nicht. Identitärer Sprachpolitik lässt sich genauso wenig mit dem Hinweis auf den systemischen Zusammenhang, in dem sich Sprache befindet, begegnen wie identitärer Politik als solcher mit dem Verweis auf die zumeist ungesteuerten Entwicklungsprozesse in ganzen Gesellschaften. Auch dieses Buch aktiviert ja eine bestimmte Metaphorik, die des Sprachkampfs, in dem einzelne Interessengruppen ihre Auffassungen von Sprache gegeneinander ins Feld führen. Aber vielleicht ist zumindest ein Waffenstillstand möglich, in dem über die verschiedenen in den Sprachkämpfen aufgeworfenen Fragestellungen nachgedacht wird. Ich möchte deshalb zum Ende hin einige der in diesem Buch angesprochenen Sprachkämpfe aufgreifen und darlegen, wie meiner Meinung nach mit den dadurch adressierten Kontroversen umgegangen werden kann.

Beginnen wir mit der geschlechtergerechten Sprachverwendung. Ich hatte bereits meine Auffassung geäußert, dass vor allem bei der Ansprache konkreter Personen – was beispielsweise nicht für Komposita wie »Bürgerberatung« gilt – der Grundsatz von Respekt und Höflichkeit Vorrang genießen sollte. Wenn Frauen in einer bestimmten Weise angesprochen werden wollen, sollte man dies auch tun, und nicht auf das vermeintlich »generische« Maskulinum verweisen. Umfragen zu Spracheinstellungen legen nahe, dass dies gerade für konkrete Ansprachen auch von einem weit überwiegenden Anteil der Befragten so gesehen wird.

Gleichzeitig ist es auch sehr wahrscheinlich, dass die sprachliche Differenzierung von Männern und Frauen kaum direkte Auswirkungen auf Gleichstellungsbemühungen in konkreten Bereichen, etwa im Beruf, besitzt. Sprachliche Gleichstellung kann allenfalls als ein Element eines umfangreicheren Pakets von Gleichstellungsmaßnahmen verstanden werden. Aber immerhin sind sie ein Teil davon, und die sprachliche Kennzeichnung eines größeren politischen oder gesellschaftlichen Anliegens besitzt Signalcharakter für das Anliegen als Ganzes. Wenn man Gleichstellung also als Ziel ernst nimmt, dann sollte nicht ausgerechnet das Signal der sprachlichen Gleichstellung in eine andere Richtung weisen. Dies bedeutet aber auch, dass es sich eben nicht um eine Kausalität im Erreichen von Gleichstellungszielen handelt, sondern lediglich um einen Indikator dafür, dass der Sprecher oder die Sprecherin diesen Gegenstand als relevant anerkennt. Fehlt diese Kennzeichnung, gilt nicht automatisch der Umkehrschluss.

Ähnlich verhält es sich bei den geschlechtergerechten Formen des Sprachgebrauchs. Auch sie besitzen zu allererst Signalcharakter, auch sie ordnen sich in ein größeres Bündel von Maßnahmen zur Berücksichtigung geschlechtlicher Diversität ein. Das Problem bei Formen wie dem Genderstern besteht allerdings darin, dass durch ihn eine völlig neue, sprachfremde Symbolik in die Sprache eingebracht wird, für die es zuvor – anders, als es für die geschlechtliche Binarität im Genussystem angelegt ist – keine sprachsystematischen Ausdrucksformen gab. Das schriftsprachlich zum Ausdruck gebrachte Signal, Diversität für ein wichtiges Anliegen zu halten, sollte jedoch nicht verabsolutiert werden. Auch hier gilt das Signalprinzip: Der Verwendung einer gegenderten Form bringt die Anerkenntnis für die Relevanz dieses Themas zum Ausdruck, das Fehlen nicht zwangsläufig das Gegenteil.

Ist das eine »Bevormundung« mündiger Menschen, wie zuweilen eingewandt wird? Für diejenigen, die aufgrund einer Verordnung so zu schreiben haben, ja – und zwar in dem Sinne, wie auch die Arbeitszeitverordnung eine Bevormundung darstellt. In einer Stadtverwaltung etwa können den Mitarbeiterinnen und Mitarbeitern natürlich Vorgaben in der Ausübung ihrer Tätigkeit gemacht werden. Alle anderen, die nicht im Auftrag einer Institution kommunizieren, sind völlig frei, dies so zu tun, wie es ihnen beliebt. Noch nicht einmal die amtlichen Rechtschreibregeln gelten außerhalb von Verwaltung und Schule verbindlich. Ist es aber eine Bevormundung, einen gegenderten Text lesen zu müssen, wenn einen dieser etwa als Abgabenbescheid per Post erreicht? Wenn man dies bejaht, muss man jede Lektüre eines Textes als Bevormundung bezeichnen, denn Lesende müssen sich immer die Sprache, ja das Denken anderer »aufzwingen« lassen, um einen Text überhaupt zu verstehen.

Es ist ohnehin zu bedenken, dass Sprachgebrauch kaum als Ganzes reglementiert werden kann. Entscheidet sich ein Stadtrat dafür, geschlechtergerechte Sprache in der Verwaltung einzuführen, können die Bürgerinnen und Bürger, die dagegen sind und denen das Thema wichtig genug erscheint, die Verantwortlichen dafür bei der nächsten Wahl zur Rechenschaft ziehen. Auf der Landesebene, wo über die Schulpolitik entschieden wird, geht dies genauso. Aber ganz gleich, wie Entscheidungen zu geschlechtergerechter Sprache auf kommunaler und auf Landesebene auch ausfallen: Sie müssen von denen, die sie zu verantworten haben, auch argumentativ vertreten werden können und nicht einfach nur dadurch verteidigt werden, der anderen Seite ideologische Verblendung zu unterstellen.

Sollte der Genderstern Teil der amtlichen Rechtschreibung sein?

Zu diesem Thema sollte auch der Rat für deutsche Rechtschreibung eine eigene Position entwickeln. Dabei kann es natürlich nicht darum gehen, das Gendern mit dem Genderstern »anzuordnen« oder auch nur zu empfehlen. Der Rechtschreibrat trifft überhaupt keine Aussagen zu der *Verwendung* von Sprache.[215] Er hat vielmehr zwei Möglichkeiten: Er könnte, erstens, das Problem auf seinen orthografischen Kern reduzieren, nämlich auf die Frage, ob innerhalb eines Wortes das Sternzeichen, der Asterisk, auftreten darf. Es gibt auch einige andere Zeichen, die gelegentlich in Wörtern auftreten, aber vom amtlichen Regelwerk[216] bislang nicht erfasst werden: die runden Klammern bei der Bildung von Wortvarianten zum Beispiel. Ein Satz wie »Diese Themenlinie(n) soll(en) im Eingangskapitel erläutert werden« entspricht deshalb derzeit gleich an zwei Stellen nicht dem amtlichen Regelwerk. Auch der Genderstern würde bei einer Erweiterung der Regeln für die wortinterne Zeichensetzung also auf seinen orthografischen Kern reduziert.

Eine zweite Möglichkeit der Handhabung im Bereich der Rechtschreibung besteht darin, die Verwendung des Gendersterns überhaupt nicht als eine *orthografische* Frage anzuerkennen, sondern ihn dem Bereich der Typografie zu überantworten. Zwar tritt der Genderstern in Wörtern an Positionen auf, die durch die Wortstruktur vorgegeben sind, was als ein Indiz für seine orthografische Relevanz gewertet werden könnte. Allerdings würde er als einziges orthografisches Zeichen hinsichtlich seiner Bedeutung über den Bereich des Sprachlichen hinausweisen, wenn er als Teil der Rechtschreibung anerkannt wäre. In der Typografie hingegen kommen diverse Zeichen und Darstellungsweisen zur Anwendung, die außersprachliche Bedeutung konstituieren und nicht durch die Rechtschreibung erfasst werden. Besonders eingängige Beispiele dafür sind die verschiedenen Schrifttypen, die zwischen »Gotisch Fraktur« und »Futura« höchst unterschiedliche Einordnungen in außersprachliche Referenzsysteme bewirken.

Die Abgrenzung von Typografie und Orthografie ist nicht ganz einfach vorzunehmen. Im Bereich von Produktnamen gibt es diverse Erscheinungen, bei denen wegen der typografischen Wirkung systematisch gegen Rechtschreibregeln verstoßen wird, mit der Binnenmajuskel wie in »BahnCard« etwa. Weitere nicht durch Regeln erfasste Schreibungen sind in Fachsprachen zu finden. Auch die Zeichensetzung wird im typografischen Zusammenhang zuweilen bewusst regelwidrig eingesetzt, insbesondere durch Auslassung. Auf Buchumschlägen und Filmplakaten finden sich Schreibungen wie »Der Mann der zuviel wusste« (Auslassung des Kommas) oder »Der Baader Meinhof Komplex« (Auslassung von Bindestrichen), die oftmals als Zugeständnisse an den spezifischen Lesefluss bei Titeln oder an das Textlayout zu erklären sind. Analog zur besonderen Symbolik des Gendersterns werden aber auch durch Emojis außersprachliche Funktionen wahrgenommen. Ähnlich sind der Stern zur Kennzeichnung des Geburtsdatums und das Kreuz für das Sterbedatum zu deuten. Bei all diesen Erscheinungen gibt es kaum eine Diskussion darüber, ob sie durch Rechtschreibregeln erfasst werden sollten oder nicht.

Ich meine deshalb, dass der Genderstern als eine zwar rechtschreibungsrelevante Erscheinung der Typografie zu verstehen ist, jedoch nicht zum Kernbereich der Orthografie gehört. Wie auch bei den anderen Erscheinungen dieser Art müssen bei der Verwendung der typografischen Möglichkeit des Gendersterns gewisse Eigenschaften der Sprachstruktur beachtet werden, um diesen korrekt zu setzen. Trotzdem handelt es sich nicht um eine Zeichenverwendung, die im orthografischen System der deutschen Sprache Berücksichtigung finden sollte, da sie keine Funktion im Sinne einer auf die Rezeption ausgerichteten Organisation schriftsprachlicher Texte einnimmt, wie es Komma, Punkt, Fragezeichen, Anführungsstriche und die anderen »offiziellen« Zeichen tun. Das orthografische Regelwerk sollte sich auf das beschränken, was tatsächlich einer linguistischen Systemhaftigkeit entspringt, andere Aspekte der »Aufladung« geschriebener Sprache mit Bedeutung hingegen sollten konsequent ausgelagert werden. Diesen Bereich typografischer Regelhaftigkeit behandelt das amtliche Regelwerk bislang aus gutem Grunde nicht und sollte es auch nicht tun. Der Rechtschreibrat sollte sich aber dazu äußern, nach welchen Prinzipien die Grenzziehung vollzogen wird. In seinen Stellungnahmen sollte er zudem berücksichtigen, dass einige typografische Erscheinungen den orthografischen Kernbereich systematisch überdecken können, ohne dass dies lediglich als regelwidrig zu gelten hat oder Regeländerungen nach sich ziehen muss.

Noch einmal: »Deutsch ins Grundgesetz«

Sollte die deutsche Sprache im Grundgesetz sichtbarer werden? Jedenfalls sollte es nicht in einer Weise geschehen, dass damit ein Ansatzpunkt für identitäre Sprachpolitik geschaffen wird. Aus diesem Grund verbietet es sich in meinen Augen, die deutsche Sprache in der von der AfD vorgeschlagenen Formulierung, »Die Landessprache in der Bundesrepublik Deutschland ist Deutsch«, ins Grundgesetz aufzunehmen. Der dafür vorgesehene Artikel 22, in dem es im ersten Absatz um die deutsche Hauptstadt geht und im zweiten um die Bundesflagge, scheint mir ohnehin kein geeigneter Ort dafür zu sein, behandelt er doch die grundlegenden Staatssymbole auf Bundesebene. Die deutsche Sprache ist jedoch kein bundesstaatliches Symbol und sollte auch nicht so verstanden werden.

Das Wort »Sprache« kommt im gesamten Grundgesetz überhaupt nur einmal vor, im »Gleichheitsartikel« Nummer 3, wo es im ersten Satz des dritten Absatzes heißt: »Niemand darf wegen seines Geschlechtes, seiner Abstammung, seiner Rasse, seiner Sprache, seiner Heimat und Herkunft, seines Glaubens, seiner religiösen oder politischen Anschauungen benachteiligt oder bevorzugt werden.« Dieser Teil des Grundgesetzes, in dem es mit den Grundrechten um die freie Entfaltung der Persönlichkeit, die Gleichheit, die Religions- und Meinungsfreiheit (Artikel 4 und 5) geht, scheint mir ein besserer Ort dafür zu sein, um die Rolle der deutschen Sprache in der Gesellschaft zu erfassen.

Worum sollte es überhaupt gehen, wenn die deutsche Sprache in das Grundgesetz aufgenommen wird, ohne dass dadurch zugleich sprachpuristischer oder nationalidentitärer Politik der Weg gebahnt wird? Ich denke, es sollte weniger um die deutsche Sprache als solche gehen, als um das, wofür wir sie benötigen: um das gesellschaftliche Miteinander zu ermöglichen. Will man dies gewährleisten, sollte statt der Sprache als solcher die Sprach*förderung* Verfassungsrang erhalten, eine Aufgabe, die in der Politik auf Bundes- und Landesebene gegenwärtig ohnehin eine erhebliche Bedeutung besitzt.

Wie könnte eine entsprechende Formulierung lauten? Von der »menschlichen Gemeinschaft« wird im Grundgesetz bereits in Artikel 1 gesprochen, in dem es um die Menschenrechte geht. In Artikel 6 ist die Rede von der »staatlichen Gemeinschaft«, die über die »Betätigung« der Eltern bei Pflege und Erziehung »wacht«. Verschiedene andere Aufgaben werden Bund und Ländern in anderen Artikeln des Grundgesetzes mit entsprechenden Formulierungen gemeinsam zugeordnet. Ich meine, dass eine Regelung im deutschen Grundgesetz, die die Zielsetzung der Sprachförderung verfolgt, etwa folgendermaßen aussehen könnte:

> Die deutsche Sprache bildet die Grundlage der staatlichen Gemeinschaft. Ihre Beherrschung zu ermöglichen und zu fördern ist Aufgabe des Bundes und der Länder.

Eine solche Regelung könnte als vierter Absatz in Artikel 5 aufgenommen werden, in dem es in Gestalt von Meinungsfreiheit und der Freiheit von Lehre und Forschung bereits um Kommunikation im weiteren Sinne geht. In einem zweiten Satz sollte zudem der Status von Regional- und Minderheitensprachen garantiert werden, wie dies etwa in der Österreichischen Verfassung geregelt ist. Die explizite Erwähnung dieser Sprachen würde vor dem Hintergrund einer Regelung zur deutschen Sprache ein wichtiges Signal der Zugehörigkeit für die muttersprachlichen Sprecherinnen und Sprecher dieser Sprachen darstellen, auch wenn durch die Europäische Charta der Regional- und Minderheitensprachen in Deutschland bereits entsprechende Rechte gelten.

Schließlich sollte in diesem Zusammenhang auch die Förderung der Mehrsprachigkeit genannt werden. Die Formel »ein Staat – eine Sprache« ist eng mit der Entstehung von Nationalstaatlichkeit verbunden und stellt sowohl im globalen als auch im historischen Zusammenhang betrachtet eher die Ausnahme als die Regel dar. Mehrsprachigkeit hingegen war schon immer das, womit Menschen konfrontiert waren: die Beherrschung der lokalen Heimatsprache und die einer Lingua franca, mit der man sich in einem größeren Zusammenhang verständigen kann. Oft kommt sogar noch eine Herkunftssprache hinzu. Ein Staat wie Deutschland, der zugleich als ein Teil des übernationalen Staatenbundes der Europäischen Union fungiert, sollte sich deshalb auch ganz grundsätzlich zu einer Lingua franca bekennen. Faktisch ist dies heute zweifellos die englische Sprache. Ziel sollte es sein, das ewige Für und Wider bei der Frage zum Status des Englischen in ein differenziertes Sowohl-als-auch zu verwandeln, wie es uns viele kleinere Länder in der EU vormachen: Deutsch für das Miteinander in Deutschland und im deutschsprachigen Raum in besonderer Verbundenheit mit den deutschsprachigen Menschen in der Welt, ein europäisches, internationales Englisch für ein effektives Agieren auf der internationalen Bühne von Politik, Wirtschaft, Wissenschaft und Kultur. Hinzu käme noch die besondere Förderung der Sprachen der Nachbarn, vor allem des Französischen und des Polnischen.

So könnte ich mir »Deutsch ins Grundgesetz« vorstellen: Ein Bekenntnis zum Deutschen als der Grundlage der staatlichen Gemeinschaft mit der Verpflichtung, sprachliche Bildung zu fördern, Schutz von Regional- und Minderheitensprachen und die Förderung von Mehrsprachigkeit, insbesondere in Hinsicht auf eine Lingua franca, als Voraussetzung für die Teilhabe an internationaler Kommunikation in Europa und die Gestaltung eines gemeinsamen Lebensraums für uns alle in der Welt.

Deutsch in der EU

Damit ist schon angedeutet, wie meiner Meinung nach mit der Sprachenfrage in der EU umgegangen werden sollte – nicht in Kommission und Parlament, sondern unter den 27 Ländern mit den 450 Millionen Menschen, die in ihnen leben, und den insgesamt 24 Amtssprachen, die selbstverständlich in den EU-Institutionen ihren Status behalten sollten. Für das Deutsche als die Sprache von mehr als 90 Millionen Menschen in den deutschsprachigen Ländern der EU kann es dabei nur um eine selbstbewusste Förderung gehen, aber zugleich auch um die ebenso selbstbewusste Anerkennung einer »Arbeitsteilung« mit einem europäischen Englisch als einer bereits weitgehend etablierten Lingua franca. Das europäische Englisch weist als eine internationale, nicht an die Muttersprachlichkeit gebundene Varietät des Englischen mittlerweile eine ganze Reihe von Spezifika auf, die es vom *British English* unterscheidet. Es vermeidet insbesondere die oftmals besonders schwer zu erlernenden idiomatischen Elemente des Standardenglischen und beinhaltet in seinem Wortschatz meist auf das Lateinische zurückgehende »Europäismen«, die es in vielen europäischen Sprachen in ähnlicher Form gibt.

Ein europäisches, »europäisiertes« Englisch zu verwenden, sollte nicht als mangelhafte Sprachkompetenz bezüglich des eigentlichen, »richtigen« Englisch verurteilt werden.[217] Gleichzeitig sollte auch die Rede vom »Sprachkolonialismus« durch das Englische oder vom Aussterben oder Untergang des Deutschen zu einem Ende kommen. Eine Sprache, die von 100 Millionen Menschen weltweit als Muttersprache gesprochen wird, stirbt definitiv nicht einfach aus, vielmehr entwickelt sie sich wie alle Sprachen weiter. Und echte Teilhabe in europäischen Institutionen und Initiativen muss nun einmal für jede Bürgerin und jeden Bürger der EU auch dann möglich sein, wenn keine breit gefächerten Dolmetschdienste zur Verfügung stehen. Unterstützt wird diese schon begonnene Entwicklung hin zu einem europäischen Englisch auch durch die Tatsache, dass nach dem Ausscheiden von Großbritannien aus der EU weniger als ein Prozent ihrer Bürgerinnen und Bürger das Englische als Muttersprache sprechen. Man könnte sogar sagen, dass sich erst damit sprachliche Gerechtigkeit ergibt, wenn es um den Erwerb des Englischen als Fremdsprache geht.

Der Gebrauch einer Lingua franca allein hat niemals

zum Untergang von regionalen Muttersprachen geführt. Vielmehr sind Sprachen, die sich wie im Mittelalter das Lateinische, heute das Englische zu einer Lingua franca entwickelt haben, Entwicklungsimpulsen ausgesetzt, die sie von den verbliebenen muttersprachlichen Sprecherinnen und Sprechern nach und nach ablösen und entfernen.[218] Das Problem des Englischen als Lingua franca besteht also weniger für das Deutsche in der Gefahr des »Aussterbens« als für die englischen Muttersprachler in der Erfahrung, dass ihnen ihre eigene Sprache »genommen« wird. Sich von der Muttersprachlichkeit vollständig gelöst zu haben und langfristig fixiert zu sein ist ein Merkmal jeder wahren Lingua franca.

Die Einführung einer Lingua franca in der EU ist ein Thema, das bereits seit Jahrzehnten diskutiert wird. Immer wieder ist geltend gemacht worden, dass mit der zunehmenden Verlagerung staatlicher Entscheidungsbefugnisse auf die europäische Ebene die demokratische Legitimation der EU-Institutionen ausgebaut werden muss. Neben dem Parlament spielen dabei auch Medien und Öffentlichkeit eine zentrale Rolle. Eine europäische Öffentlichkeit, die ihren Namen verdient, gibt es jedoch nicht. Eine Lingua franca könnte dabei helfen, eine solche zu erschaffen. Oft wurde in der Vergangenheit gegen die Etablierung des Englischen als europäische Lingua franca eingewandt, dass dabei 65 Millionen Britinnen und Briten den ungerechtfertigten Vorteil besitzen würden, diese Lingua franca nicht erlernen zu müssen. Dies stünde nicht nur dem Gedanken einer Lingua franca als solchem entgegen, sondern auch dem Bestreben, ein europäisches Englisch von der nur sehr schwer zu erlernenden muttersprachlichen Differenziertheit des britischen Englisch zu entkoppeln. Ein solches Ziel kann aber nicht mit so vielen Menschen im Kommunikationsraum der Lingua franca erreicht werden, die diese Sprache nun einmal als Muttersprache erlernt haben und diese verständlicherweise auch nicht zu einem europäischen Englisch verwandeln wollen.

Dieser berechtigte Einwand gilt allerdings seit Anfang 2020 nicht mehr. Der Austritt Großbritanniens aus der EU ist formal vollzogen, und nach dem Brexit verbleibt nur noch ein sehr kleiner Anteil von Menschen mit Englisch als Muttersprache in ihren Grenzen. Anders als während der Mitgliedschaft Großbritanniens führt dieser Anteil nicht zu einer sprachlichen Dominanz in Gremien und Ausschüssen, sodass die Voraussetzungen für die Einführung des Englischen als Lingua franca, eines europäischen Englisch in der EU, erstmals gegeben sind. Diese Chance sollte ergriffen werden.

Wissenschaft und Anglizismen

Für den Sprachgebrauch in der Wissenschaft gilt Analoges. Die Tendenz zu einem internationalen Englisch ist heute längst nicht mehr allein auf eine wissenschaftliche Dominanz des angloamerikanischen Raums zurückzuführen, sondern auf den Bedarf nach einer praktikablen internationalen Verkehrssprache. Aus diesem Grund wird in Deutschland in Forschungslaboren und auf den meisten internationalen Konferenzen nun einmal Englisch gesprochen. Das Argument, dass dadurch die Teilhabe der Menschen in den deutschsprachigen Ländern am wissenschaftlichen Prozess behindert wird, greift zu kurz. Eine solche Teilhabe wird nicht vorrangig durch den Gebrauch des Englischen als Lingua franca begrenzt, sondern durch die Fachsprachlichkeit wissenschaftlicher Kommunikation überhaupt. Die Wissenschaft hat gerade heute, wo wissenschaftliche Erkenntnisse aus irrationalem Antrieb zunehmend angezweifelt werden, die Aufgabe, ihre Erkenntnisse zusammen mit den Methoden, aufgrund derer sie gewonnen wurden, in die Gesellschaft zu vermitteln, und das im deutschsprachigen Raum natürlich auf Deutsch. Dieser Transfer muss in jedem Fall geleistet werden – ob es sich nun um in englischer oder deutscher Fachsprache publizierte Forschungsergebnisse handelt. Dass ein Fachgebiet eine solche Dominanz besitzt, dass hier auch in deutscher Sprache publiziert werden kann, oder dass der große Wissenschaftsraum der deutschsprachigen Länder als solcher angesprochen wird, ist begrüßenswert. Einen Mathematiker oder eine Chemikerin wird jedoch niemand abhalten können – und dürfen –, sich mit den weltweit verstreuten Kolleginnen und Kollegen im eigenen Spezialisierungsgebiet in einem internationalen Wissenschaftsenglisch zu verständigen.

Die Kritik am Gebrauch von Anglizismen in der deutschen Sprache ist eines von den Themen, bei denen man vor allem auf die Forschungslage verweisen muss. Alles andere sind Fragen von Geschmack, Stil, Moden der öffentlichen Sprachverwendung und Prägungen durch Lebenswelten. In der Fremdwortforschung wird differenziert nach Geberspachen, Grad der Integration und Morphologie, was es allein schon schwer macht, Übernahmen aus dem Englischen grundsätzlich als das zu brandmarken, was aus sprachpuristischer Sicht mit dem Begriff des Anglizismus eigentlich gemeint ist. Hinzu kommen Bedeutungsverschiebungen und Ausdifferenzierungen in der Nehmersprache, Lehnübernahmen von Wörtern und ganzen Konstruktionen sowie Wortbildungen, die es in den Gebersprachen überhaupt nicht gibt. Das Englische selbst hat ja einen großen Teil seines Wortschatzes aus dem Französischen und dem Lateinischen übernommen, und es ist gerade deshalb so eine »erfolgreiche« Sprache geworden, weil diese Übernahmen eine extreme Ausdifferenzierung des Wortschatzes ermöglicht haben. Wenn aber ein Großteil des englischen Wortschatzes letztlich auf das Lateinische zurückgeht, wird dadurch die Frage aufgeworfen, was bei einem Fremdwort aus dem Englischen überhaupt übernommen wird. Oftmals sind es eher Latinismen, die im Deutschen wie in den anderen europäischen Sprachen zu der Ausbildung eines großen Bestandes von Europäismen geführt haben.

Wenn man das alles abzieht, bleibt vor allem die Frage übrig, was genau durch die Anglizismenkritik eigentlich kritisiert wird. Ist es die weltpolitische Lage oder der Gebrauch von Sprache in der Werbung? Ist es die Abneigung gegenüber Menschen, die in Unternehmensberatungen und internationalen Unternehmen täglich in so hohem Maße mit dem Englischen konfrontiert sind, dass ihnen, wenn es um Fachliches geht, schneller das englische als das deutsche Wort einfällt? Ist es die kulturkritische Ablehnung der Dominanz von Hollywood auf dem Filmmarkt, von Apple, Google und Facebook in der Digitalwirtschaft und von internationalen Vereinigungen selbst auf den Gebieten des Umwelt- und des Klimaschutzes? Ist es der Spott über junge Menschen, weil sie durch Reisen, Medien und globale Anliegen wie keine Generation zuvor in einem Maße international geprägt sind, dass ihnen auch die Grenzen zwischen dem Deutschen und anderen Sprachen weit weniger relevant erscheinen? Ist die Klage über die »Anglizismenflut« vielleicht sogar eher die über den Untergang eines bürgerlichen Weltbildes, in dem alles seinen Platz hatte und das Lokale lokal war, das Deutsche deutsch und das Internationale international? Anstatt einen Anglizismenindex zu führen, sollte man sich mit derartigen Fragen auseinandersetzen.

Ein Wort zu sprachlicher Inzivilität

Abschließend noch ein Wort zu dem Komplex »politische Korrektheit«, sprachliche Inzivilität und, im Jahr 2020 besonders aktuell, Rassismus in der Sprache. Die Freiheit, sich zu äußern wie man will, reicht bis zu der Grenze, hinter der Beleidigung, Bedrohung und üble Nachrede zu finden sind, also das, was im Internet als »Hatespeech« bezeichnet wird. So klar dies ist, so klar sollte auch sein, dass die Einhaltung dieser Grenze durch die Anwendung des Strafrechts, des Netzwerkdurchsetzungsgesetzes und anderer Regelungen gewährleistet werden muss. Wer dies in Frage stellt, der rüttelt an dem Konsens unserer demokratisch verfassten Gesellschaft, dass auch das kommunikative Verhalten der Menschen einen Faktor dafür bildet, ob das gesellschaftliche Miteinander gelingt oder nicht.

Die Vermeidung von Beleidigung und Herabwürdigung ist aber noch nicht alles. Das Miteinander sollte auch von Höflichkeit und Respekt füreinander gekennzeichnet sein. Diese Selbstverständlichkeit scheint jedoch nicht mehr von allen anerkannt zu werden, vielmehr wird sie unter der Bezeichnung »politische Korrektheit« diffamiert. Sprachliche Rücksichtnahme ist wichtig und sollte nur dann kritisiert werden, wenn sie zum Diktat wird. Ist dies bereits der Fall? Ich meine nicht, aber die Rede vom »Diktat« ist eine beliebte Form der Attacke im Sprachkampf. Eine »Sprachpolizei« gibt es nicht, und sofern sie überhaupt praktisch vorstellbar wäre, sollte es sie auch nicht geben. Die Kritik bezieht sich eher auf die implizite moralische Wertung, die bei der Verwendung »politisch inkorrekter« Formulierungen angenommen wird. Ob diese nun vorliegt oder nicht: Verantwortung muss man schon tragen können für das, was man sagt.

Und geht es um sprachliche Inzivilität, dann reicht es nicht aus, sprachhistorische Erklärungen vorzubringen. Nicht nur für das Wort »Mohr« ist es unsinnig, die Etymologie und seine kulturelle Wortgeschichte ins Feld zu führen, um die Verwendung in der Ansprache konkreter Personen in der Gegenwart zu legitimieren.[219] Benennungen sind nicht sakrosankt und sind es nie gewesen, denn sie bilden einen wichtigen Teil alltäglicher Sprachreflexion. Vieles von dem jedoch, was in dem aufgeladenen Diskurs zu diesem Wort behauptet wird, wird von kaum jemandem gefordert. Die Mohrenstraße und die Mohrenapotheke müssen nicht umbenannt werden, können es aber. Es muss nun einmal anerkannt werden, dass schwarze Menschen es als eine Beleidigung empfinden, als »Mohren« angesprochen, bezeichnet oder im öffentlichen Raum mit diesem Wort konfrontiert zu werden. Wenn man nicht weiß, wie die Betroffenen zu dieser Frage stehen, dann sollte man sich informieren, beispielsweise beim Bundesverband der Initiative Schwarze Menschen in Deutschland[220]. Dessen Ablehnung des Wortes lässt sich nicht mit der Darlegung seiner Historie vom Tisch wischen, sondern sie spiegelt vielmehr wider, wo das Wort im heutigen Gebrauch inzwischen angekommen ist. Muss es denn wirklich gesagt werden, dass der Respekt vor dem anderen gebietet, auf derartige belastete Wörter im Miteinander zu verzichten, wenn es sich der andere wünscht?

8 EINDÄMMUNGSSTRATEGIEN

Wie soll man mit den Sprachkämpfen, die wir uns in diesem Buch angesehen haben, umgehen? Wie ist die »Gefechtsstärke« der jeweiligen Truppen einzuschätzen? Auf der Seite der nationalidentitären Sprachpolitik jedenfalls besteht ein hoher Organisationsgrad, durch den es möglich ist, mit großer inhaltlicher Homogenität Kampagnen, Initiativen und Gesetzesanträge auf den Weg zu bringen. Auf der Gegenseite gibt es einen solchen Grad an Organisiertheit nicht, sodass echte Kampagnenfähigkeit nicht besteht. Was hier allenfalls zu beobachten ist, sind Trends und Entwicklungen, die wie die Leitlinien zum geschlechtergerechten Sprachgebrauch dezentral aufgegriffen werden. Zu vielen anderen Themen – Deutsch in der EU, Deutsch als Wissenschaftssprache, »Deutsch ins Grundgesetz«, »politische Korrektheit« – gibt es überhaupt keine Personen oder Organisationen, die als Opponenten zu VDS und AfD in Erscheinung treten.

Für die nationalidentitäre Sprachpolitik ist es jedoch essenziell, den Gegner benennen zu können, einen Adressaten zu haben, gegen den sich ihre Aktionen und Aufrufe richten. Wenn dieser Gegner in organisierter Form aber überhaupt nicht existiert, muss er konstruiert werden. Es ist diese immer wieder beschworene »kleine Gruppe« von »Aktivisten, Politikern, Journalisten und Wissenschaftlern«, die anderen vermeintlich eine neue Sprache aufzwingen will, um dadurch die eigene abseitige Ideologie in den Köpfen der Menschen zu verankern. Derartige Aussagen, die sich, wie wir anhand von Beispielen gesehen haben, in diversen Varianten in den Pressemitteilungen und Artikeln des identitären Sprachkampfs finden lassen, kennzeichnen eine Verschwörungstheorie reinsten Wassers. Niemals erfahren wir, wer genau zu dieser »kleinen Gruppe« gehört, und schon gar nicht wird nachgezeichnet, wer aus dieser Gruppe wann und wen beauftragt hat, diese oder jene Maßnahme zu ergreifen, warum diese »kleine Gruppe« überhaupt die Macht hat, all das zu bewirken, was ihr unterstellt wird, und warum so viele Personen und Institutionen so einfältig sind, auf sie hereinzufallen. Aber eine »funktionierende« Verschwörungstheorie zeichnet es eben auch aus, dass all das keine Rolle spielt, dass vielmehr derartige Fragen die Existenz des Vermuteten sogar erst beweisen – sie nährt sich aus sich selbst durch beständige Wiederholung, fortwährende Zuspitzung und Umkehrung von Evidenzen. Der nationalidentitäre Sprachkampf funktioniert nur im Verbund mit dieser sprachpolitischen Verschwörungstheorie.

So wichtig es ist, zu verhindern, dass Sprache politisch instrumentalisiert wird, so viel gefährlicher ist in meinen Augen deshalb die nationalidentitäre Sprachpolitik gegenüber linker Identitätspolitik. Identitäre Sprachpolitik als Instrument einer umfassenden nationalidentitären Politikagenda ist zudem weitaus schwieriger zu erkennen, als es im Bereich der breit gefächerten linken Sprachpolitik mit ihren zuweilen wirklichkeitsfremden Forderungen oder unterkomplexen Deutungen der Fall ist. Eine homogene nationalidentitäre sprachpolitische Agenda ist mittlerweile in vielen Landesparlamenten und im Deutschen Bundestag mit der AfD vertreten, verfügt somit über entsprechende Ressourcen und kann das Parlament als Bühne für ihre Anliegen nutzen. Auch wenn linke Parteien seit Langem ebenfalls in den Parlamenten vertreten sind, besteht bei ihnen keine auch nur annähernd vergleichbare Kongruenz von Sprachpolitik und allgemeinpolitischer Programmatik, wie wir beim Vergleich der Parteiprogramme gesehen haben. Insofern sollte sich das Augenmerk derzeit vor allem auf diesen besonders wirkmächtigen Pol identitärer Sprachpolitik richten mit seinen Versuchen, die deutsche Sprache als weit in die bürgerliche Mitte hinein akzeptiertes Vehikel für eine nationalidentitäre Politik zu instrumentalisieren.

Was kann dieser Vereinnahmung der deutschen Sprache für politische Zwecke entgegengesetzt werden? Ich denke, es sollten sich alle, die sich öffentlich zur deutschen Sprache äußern, darüber bewusst sein, dass ihre Aussagen immer auch im Kontext einer nationalidentitären Politik gedeutet und eingeordnet werden. Wenn man nicht will, dass die eigenen Aussagen als eine Bejahung einer identitären Sprachpolitik verstanden werden, dann darf man sie nicht nur als solche stehen lassen, sondern muss sie selbst einordnen und zeigen, warum sie sich nicht für eine solche Instrumentalisierung eignen. Das Reden über die deutsche Sprache hat durch politisch aufgeladene Sprachkämpfe seine Unschuld verloren, wenn es diese denn überhaupt jemals besessen hat. Das scheinbar so weltferne Thema, das im Feuilleton sein Zuhause hat, ist längst zu einem Schlachtfeld für Schaukämpfe geworden, durch die viel umfassendere politische Ziele und Interessen ausgefochten werden.

Grundlegend muss, zweitens, immer wieder auf die Internationalität der deutschen Sprache hingewiesen werden. Das Deutsche ist nicht nur in Deutschland, sondern auch in Österreich, der Schweiz, Belgien, Luxemburg und Liechtenstein Amtssprache, zudem in der italienischen Region Bozen-Südtirol. In vielen weiteren Ländern ist es anerkannte Regional- oder

Minderheitensprache. Zu diesen schätzungsweise 100 Millionen Menschen mit Deutsch als Erst- oder Zweitsprache kommen etwa 100 Millionen weitere hinzu, die das Deutsche als Fremdsprache gelernt haben oder es gerade lernen.[221] Überdies ist auch die Germanistik als akademisches Fach weltweit ausgebaut, mit vielen großen Universitätsinstituten beispielsweise in Polen, Italien oder China. Wenn man die Bedeutung der deutschen Sprache in der Welt unterstreichen will, dann muss man auf *diese* Fakten hinweisen und nicht auf die vermeintliche Exklusivität innerhalb der deutschen (oder großdeutschen) Grenzen.

Drittens darf es nicht unwidersprochen bleiben, wenn sprachpolitische Verschwörungstheorien verbreitet werden. Es muss darauf gedrungen werden, zu sagen, wer genau zu der »kleinen Gruppe« gehört, die »der Mehrheit ihre Ideologie aufzwingen will«. Es müssen Erklärungen eingefordert werden, wie es dieser gelingen soll, Medien, öffentliche Institutionen, ja ganze Parlamente gefügig zu machen. Es muss benannt werden, welches denn die ideologischen Ziele sein sollen, die damit angestrebt werden, und in welchem größeren Zusammenhang diese wiederum stehen sollen. All das wird natürlich nicht gelingen, denn das Gegenüber einer nationalidentitären Sprachpolitik ist keine kleine Gruppe von Verschworenen, sondern sind große Teile unserer Gesellschaft, die ungesteuert und in einer Vielzahl von Einzelinitiativen ihre Interessen rechtmäßig vertreten. Es darf nicht zu dem »Trump-Moment« kommen, nach dem alles, was nicht zu der nationalidentitären Agenda passt, als Unterwanderung, Zerstörung, Verrat und Verfall diffamiert wird.

Die germanistische Linguistik muss es, viertens, als Verpflichtung ansehen, sich in die Öffentlichkeit zu begeben, wenn die deutsche Sprache politisch instrumentalisiert wird. Auch wenn sachliche, wissenschaftliche Informationen, die auf verständliche Weise vermittelt werden, Menschen nicht auf direktem Wege von vorgefassten Meinungen abbringen können, so ist es doch sehr wichtig, einseitigen sprachpolitischen Positionen immer wieder aufs Neue wissenschaftliche Differenziertheit entgegenzustellen. Es darf auch bei noch so kruden Thesen nicht der Eindruck entstehen, dass sie Gültigkeit besitzen, nur weil sich von fachlicher Seite niemand zu einer Richtigstellung veranlasst sieht. Die Kontinuität und Breite differenzierter Stellungnahmen mögen dann auch dazu beitragen, dass sich einseitige Darstellungen bei den Beteiligten relativieren. Unterstützt werden kann dies durch die öffentlichen und halb öffentlichen »sprachlichen« Institutionen, die es in Deutschland gibt, allen voran das Goethe-Institut, die Gesellschaft für deutsche Sprache, der Deutsche Akademische Austauschdienst und das Leibniz-Institut für Deutsche Sprache, die sich schon vor geraumer Zeit zum »Deutschen Sprachrat« zusammengefunden haben. Auch die Verbindung mit vergleichbaren Institutionen in den anderen deutschsprachigen Ländern bei diesem Anliegen wäre überaus wünschenswert.

Bei dem, was die Germanistik vermittelt – ein fünfter und letzter Punkt –, sollte ein Bild der Sprache gezeichnet werden, das den Erkenntnissen der Wissenschaft entspricht. Dieses Bild ist eines, das durch Vielfalt und Varianz von Sprache geprägt ist, von Systemdynamik und Wandlungsfähigkeit wie unsere Gesellschaft selbst, ein Bild, in dem Verabsolutierungen – ob es nun um den Status der Standardsprache, die Gültigkeit einer grammatischen Konstruktion oder die Verwendungsweise von Wörtern geht – vermieden werden, um einer differenzierten Darstellung Raum zu geben. Ich bin davon überzeugt, dass all dies auf großes öffentliches Interesse stößt und einem Verständnis entspricht, das mittlerweile für Bereiche wie den der

Ökologie oder des Klimaschutzes etabliert ist. Ein solches Bild sollte aktiv durch Ausstellungen und Veranstaltungen vermittelt werden – und genau das wird derzeit mit dem »Forum Deutsche Sprache« in Mannheim in Angriff genommen. Unterstützt durch die Bund-Länder-finanzierte Leibniz-Gemeinschaft, die Stadt und eine private Stiftung soll es 2027 seine Pforten öffnen und seinen Gästen ein vielfältiges Angebot zur deutschen Sprache bieten. Neben einer Dauerausstellung, Wechselausstellungen und Veranstaltungen zum Thema Sprache werden von den Gästen dort auch Sprachdaten erhoben. Das Forum Deutsche Sprache ist als ein Ort konzipiert, in dem die Besucherinnen und Besucher an der Dokumentation der gegenwärtigen deutschen Sprache in all ihren Facetten aufgrund ihrer jeweiligen Sprachkompetenz selbst mitwirken und sich bürgerwissenschaftlich an ihrer Erforschung beteiligen können.

Bei alldem bleibt es wesentlich, gegen die Politisierung von Sprache und Sprachgebrauch in jeder ihrer Erscheinungsweisen einzutreten. Weder für nationalidentitäre Zwecke ganz gleich in welchem Gewand noch für die sprachliche Verabsolutierung identitätspolitischer Ziele, und seien sie noch so gut gemeint, sollte die deutsche Sprache zum Schlachtfeld werden. Weil es sich aber oft nicht erschließt, wenn ein Sprachkampf allgemeinpolitisch aufgeladen wird, ist es wichtig, den jeweiligen Hintergrund zu kennen, und mit diesem Buch möchte ich dazu einen Beitrag leisten. Denn nicht die Nation, nicht einzelne Gruppen sind es, denen die Sprache gehört. Es sind die Menschen in ihrer ganzen Vielfalt, alle, die das Deutsche als Erst-, Zweit- oder Fremdsprache erworben haben und es sprechen, die es dadurch immer wieder aufs Neue entstehen lassen, ihm wortwörtlich Leben einhauchen und seinen ewigen Wandel – in diesem Moment! – bewirken.

NACHWORT

Dieses Buch ist in gewisser Hinsicht eine Fortsetzung meines letzten Buchs »Digital und vernetzt. Das neue Bild der Sprache« von 2018, denn dort geht es am Ende bereits um die politischen Auswirkungen, die das Bild, das sich eine Gesellschaft von der Sprache macht, haben kann. Auch in meinem Blog »Die Engelbart-Galaxis« bei den SciLogs von »Spektrum der Wissenschaft« habe ich mich in den letzten Jahren mit Themen befasst, die in diesem Buch zu finden sind. Gelegentlich habe ich auf diese Blogbeiträge zurückgegriffen und Teile davon in überarbeiteter Form in dieses Buch aufgenommen.[222]

Definitiv *nicht* ist dieses Buch jedoch eine offizielle Veröffentlichung des Leibniz-Instituts für Deutsche Sprache, das ich als Wissenschaftlicher Direktor und Vorsitzender des Vorstands leite. Dies kommt nicht nur darin zum Ausdruck, dass es nicht in einer der Reihen dieses Instituts erschienen ist, sondern auch in der Tatsache, dass ich es außerhalb dieser beruflichen Tätigkeit ausschließlich an Wochenenden und Urlaubstagen geschrieben habe. Falls also jemand mit den in diesem Buch dargestellten Sachverhalten nicht einverstanden sein sollte, so kann er zumindest nicht behaupten, dass dafür Steuergelder aufgewendet wurden.

Ich danke meiner Frau Antje Lobin sehr dafür, dass sie mich mit dieser Art der Freizeitgestaltung gewähren ließ.

Glücklicherweise fiel diese oft genug mit der ihren zusammen, die darin bestand, zusammen mit Eva-Tabea Meineke ein voluminöses Standardwerk zur italienischen Sprache, Literatur und Kultur herauszugeben, das »Handbuch Italienisch« im Erich Schmidt Verlag. Dieses erscheint ebenfalls im Jahr 2021, und es sei allen, die sich nicht nur für Sprachkämpfe, sondern auch für Italien interessieren, sehr ans Herz gelegt. Zugleich war sie wie immer meine erste und liebste Leserin, der ich nicht nur viele wertvolle Hinweise zum Text selbst zu verdanken habe, sondern in unzähligen Gesprächen auch den Vergleich der hier geschilderten Verhältnisse mit denen in Italien und Frankreich, die sie selbst kontinuierlich verfolgt und für die sie eine der besten Kennerinnen ist.

Gespräche zu den hier behandelten Themen habe ich in letzter Zeit sehr viele geführt, für die ich allen Beteiligten hier zusammenfassend danken möchte. Ganz besonders möchte ich meinen Kollegen Christian Mair von der Universität Freiburg und Manfred Krifka vom Leibniz-Zentrum für Allgemeine Sprachwissenschaft danken. Beide hatten mir 2019 kurz hintereinander die Gelegenheit gegeben, einige von den Gedanken, die ins vorliegende Buch eingeflossen sind, in Vorträgen in Freiburg und Berlin vor einem größeren Auditorium zur Diskussion zu stellen. Der Leiterin der Dudenredaktion Kathrin Kunkel-Razum bin ich für den Vorschlag dankbar, ausgehend von diesen Vorträgen ein Buch zum Thema zu schreiben und in ihrem Verlag zu veröffentlichen. Annette Trabold, Leiterin der Öffentlichkeitsarbeit des IDS, hat das fertige Manuskript gelesen und einige wichtige Hinweise gegeben, wofür ich ihr ebenfalls sehr dankbar bin.

BIBLIOGRAFIE

Die Bibliografie umfasst die im Text oder den Anmerkungen zitierten oder erwähnten Monografien und Beiträge aus Sammelwerken. In den Anmerkungen wird auf weitere online verfügbare Quellen verwiesen.

Adler, Astrid / Plewnia, Albrecht (2019): »Die Macht der großen Zahlen. Aktuelle Spracheinstellungen in Deutschland«. In: Eichinger, Ludwig M. / Plewnia, Albrecht (Hrsg.): Neues vom heutigen Deutsch. Empirisch – methodisch – theoretisch (= Jahrbuch des Instituts für Deutsche Sprache 2018). Berlin/Boston: de Gruyter, 2019. S. 141–162.

Ammon, Ulrich (2018): Die Stellung der deutschen Sprache in der Welt. Korrigierter Nachdruck. Berlin, Boston: de Gruyter

Antos, Gerd (1996): Laien-Linguistik. Studien zu Sprach- und Kommunikationsproblemen im Alltag; am Beispiel von Sprachratgebern und Kommunikationstrainings. Tübingen: Niemeyer (= Reihe Germanistische Linguistik; 146)

Baer, Oliver (2011): Von Babylon nach Globylon. Paderborn: IFB-Verlag Deutsche Sprache

Diewald, Gabriele / Steinhauer, Anja (2017): Richtig gendern. Wie Sie angemessen und verständlich schreiben. Berlin: Dudenverlag

Diewald, Gabriele / Steinhauer, Anja (2020): Handbuch geschlechtergerechte Sprache. Wie Sie angemessen und verständlich gendern. Berlin: Dudenverlag

Dürscheid, Christa (2016): Einführung in die Schriftlinguistik. 5., aktualisierte und korrigierte Auflage. Göttingen, Bristol: Vandenhoeck & Ruprecht (= UTB 3740)

Eisenberg, Peter (2013): »Anglizismen im Deutschen«. In: Deutsche Akademie für Sprache und Dichtung / Union der deutschen Akademien der Wissenschaften (Hg.): *Reichtum und Armut der deutschen Sprache. Erster Bericht zur Lage der deutschen Sprache.* Berlin. Boston: de Gruyter, S. 57–119

Eisenberg, Peter (2017): Deutsche Orthografie. Regelwerk und Kommentar. Berlin, Boston: de Gruyter Mouton

Eisenberg, Peter (2018): Das Fremdwort im Deutschen. 3., überarbeitete und erweiterte Auflage. Berlin: de Gruyter

Felder, Ekkehard (2008): Semantische Kämpfe. Macht und Sprache in den Wissenschaften. Berlin, New York: de Gruyter

Fukuyama, Francis (2019): Identität. Wie der Verlust der Würde unsere Demokratie gefährdet. Hamburg: Hoffmann und Campe

Göttert, Karl-Heinz (2013): Abschied von Mutter Sprache. Deutsch in Zeiten der Globalisierung. Frankfurt am Main: S. Fischer

Göttert, Karl-Heinz (2019): Die Sprachreiniger. Der Kampf gegen Fremdwörter und der deutsche Nationalismus. Berlin: Propyläen

Habeck, Robert (2018): Wer wir sein könnten. Warum unsere Demokratie eine offene und vielfältige Sprache braucht. Köln: Kiepenheuer & Witsch

Kahneman, Daniel (2014): Schnelles Denken, langsames Denken. 3. Aufl. München: Pantheon

Kelle, Birgit (2015): GenderGaga. Wie eine absurde Ideologie unseren Alltag erobern will. Asslar: Adeo

Keßler-Wirth, Karoline (2010): Der Verein Deutsche Sprache. Zugl.: Bamberg, Univ., Diss., 2009. Bamberg. URL: http://www.opus-bayern.de/uni-bamberg/volltexte/2010/241

Klinker, Fabian / Scharloth, Joachim / Szczęk, Joanna (Hg.) (2018): Sprachliche Gewalt. Formen und Effekte von Pejorisierung, verbaler Aggression und Hassrede. Stuttgart: J. B. Metzler

Kotthoff, Helga / Nübling, Damaris (2018): Genderlinguistik. Eine Einführung in Sprache, Gespräch und Geschlecht. Tübingen: Narr Francke Attempto Verlag

Leonhardt, Jürgen (2011): Latein. Geschichte einer Weltsprache. 2. durchgesehene Auflage. München: C.H. Beck

Lobin, Henning (2018): Digital und vernetzt. Das neue Bild der Sprache. Stuttgart: J. B. Metzler Verlag

Marten, Heiko F. (2016): Sprach(en)politik. Eine Einführung. Tübingen: Narr Francke Attempto

Münch, Ursula / Mocikat, Ralph / Gehrmann, Siegfried (2020): Die Sprache von Forschung und Lehre. Lenkung durch Konzepte der Ökonomie?. Baden-Baden: Nomos (= Tutzinger Studien zur Politik; 16)

Niehr, Thomas / Reissen-Kosch, Jana (2018): Volkes Stimme? Zur Sprache des Rechtspopulismus. Berlin: Dudenverlag

Pfalzgraf, Falco (2006): Neopurismus in Deutschland nach der Wende. Zugl.: Manchester, Univ., Diss., 2005. Frankfurt am Main, Berlin, Bern, Bruxelles, New York, Oxford, Wien

Pfeiffer, Thomas (2000): Medien einer neuen sozialen Bewegung von rechts. Ruhr-Universität Bochum, Dissertation

Riecke, Jörg (2016): Geschichte der deutschen Sprache. Eine Einführung. Stuttgart: Reclam

Séville, Astrid (2018): Der Sound der Macht. Eine Kritik der dissonanten Herrschaft. München: C.H. Beck

Stefanowitsch, Anatol (2018): Eine Frage der Moral. Warum wir politisch korrekte Sprache brauchen. Berlin: Dudenverlag

Stukenbrock, Anja (2005): Sprachnationalismus. Sprachreflexion als Medium kollektiver Identitätsstiftung in Deutschland (1617–1945). Berlin/Boston: de Gruyter (= Studia Linguistica Germanica; 74)

Wiese, Heike / Tracy, Rosemarie / Sennema, Anke (2020): Deutschpflicht auf dem Schulhof? Warum wir Mehrsprachigkeit brauchen. Berlin: Dudenverlag

ANMERKUNGEN

Alle hier aufgeführten Links wurden zuletzt im November 2020 überprüft.

1 Ekkehard Felder spricht in diesem Zusammenhang von »semantischen Kämpfen«, vgl. dazu Felder (2006).

2 Habeck (2018, S. 21).

3 Wer sich davon einen Eindruck verschaffen will, möge sich die mit nur einem Stern wertenden »Rezensionen« zu einem Buch wie »Richtig gendern« (Diewald/Steinhauer 2017) ansehen (https://www.amazon.de/Richtig-gendern-angemessen-verst%C3%A4ndlich-schreiben/product-reviews/3411743573/ref=cm_cr_arp_d_viewopt_sr?ie=UTF8&reviewerType=all_reviews&filterByStar=one_star&pageNumber=1). Auch die Gegenseite ist nicht nur zurückhaltend in ihren Verrissen, wovon man sich an den Kommentaren zum Buch »Gender-Gaga« (Kelle 2015) überzeugen kann (https://www.amazon.de/product-reviews/3863340450/ref=acr_dp_hist_1?ie=UTF8&filterByStar=one_star&reviewerType=all_reviews#reviews-filter-bar).

4 Vgl. dazu grundlegend Antos (1996). Vgl. auch die Beiträge zur Tagung »LaienWissenSprache« an der Universität Kiel 2019, organisiert von Markus Hundt (https://www.laienwissensprache2019.uni-kiel.de/de).

5 Vgl. Riecke (2016), insbesondere Kap. 4 und 5.

6 Vgl. Götterts (2019) umfassende Geschichte des Allgemeinen deutschen Sprachvereins.

7 Zur neueren Geschichte dieses Ziels vgl. Falco Pfalzgraf, »Bestrebungen zur Einführung eines Sprachschutzgesetzes seit der deutschen Wiedervereinigung«. In: German Life and Letters 61, 4 (2008), S. 451–469.

8 Vgl. Deutscher Bundestag: »›Deutsch ins Grundgesetz‹-Petition stößt auf Skepsis« (https://www.bundestag.de/webarchiv/textarchiv/2011/36382677_kw45_pa_petitionen-206798).

9 Vgl. »Sonstige Beschlüsse, 29. Parteitag der CDU Deutschlands in Essen«, S. 11: https://www.cdu.de/system/tdf/media/dokumente/cdupt16_sonstige_beschluesse.pdf?file=1.

10 Vgl. »Programm für Deutschland. Das Grundsatzprogramm der Alternative für Deutschland«, S. 93: https://cdn.afd.tools/wp-content/uploads/sites/111/2018/01/Programm_AfD_Druck_Online_190118.pdf.

11 Vgl. die Dokumentation des Antrags wie auch der Debatte unter https://www.bundestag.de/dokumente/textarchiv/2018/kw09-de-deutsch-landessprache-544508.

12 Vgl. Webseite der Initiative »Deutsch ins Grundgesetz«: https://www.deutsch-ins-grundgesetz.de/hintergrund.html.

13 Vgl. Thomas Paulwitz, »Deutsch ins Grundgesetz«, in: Deutsche Sprachwelt, Nr. 71 (Frühjahr 2018) (https://www.deutsch-ins-grundgesetz.de/hintergrund.html).

14 Vgl. »Der Spiegel« vom 2.12.2008, »Merkel bedauert CDU-Beschluss zur deutschen Sprache« (https://www.spiegel.de/politik/deutschland/grundgesetz-vorstoss-merkel-bedauert-cdu-beschluss-zu-deutscher-sprache-a-594056.html).

15 Vgl. die Zusammenfassung der Argumente unter https://de.wikipedia.org/wiki/Debatte_%C3%BCber_die_Aufnahme_der_deutschen_Sprache_ins_Grundgesetz#%C3%96ffent liche_Stimmen_gegen_die_Erg%C3%A4nzung_des_Grundgesetzes.

16 Vgl. die Europäische Union zu »EU-Sprachen«: https://europa.eu/european-union/about-eu/eu-languages_de.

17 Vgl. Deutsche Welle vom 5.10.2019: »Nach dem Brexit: EU-Behördensprache bleibt weiter Englisch« (https://www.dw.com/de/nach-dem-brexit-eu-beh%C3%B6rdensprache-bleibt-weiter-englisch/a-50679475).

18 Vgl. dazu Ammon (2018: S. 730–805).

19 Vgl. Ulrich Ammon in der »Welt« vom 25.2.2010: »Warum Deutsch in der EU diskritiminiert wird« (https://www.welt.de/kultur/article6544187/Warum-Deutsch-in-der-EU-diskriminiert-wird.html).

20 Vgl. die Pressemitteilung der CDU/CSU-Bundestagsfraktion vom 2.12.2011: »Deutsch muss gleichberechtigte Arbeitssprache in der EU werden« (https://www.cducsu.de/presse/pressemitteilungen/deutsch-muss-gleichberechtigte-arbeitssprache-der-eu-werden).

21 Vgl. die Pressemitteilung der FPÖ vom 29.9.2018: »FPÖ-Mayer: ›Deutsch soll nach dem Brexit als Arbeitssprache endlich die Bedeutung bekommen, die es in der EU verdient‹« (https://www.ots.at/presseaussendung/OTS_20180929_OTS0016/fpoe-mayer-deutsch-soll-nach-dem-brexit-als-arbeitssprache-endlich-die-bedeutung-bekommen-die-es-in-der-eu-verdient).

22 Vgl. Thomas Paulwitz in »Junge Freiheit« vom 18.2.2020: »Den Sprachkolonialismus beenden« (https://jungefreiheit.de/debatte/kommentar/2020/den-sprachkolonialismus-beenden/).

23 Vgl. das Parteiprogramm der NPD, S. 17: https://medien.npd.de/dokumente/parteiprogramm.pdf

24 Für eine kompakte Geschichte der Rechtschreibreform vgl. z. B. Dürscheid (2016), Kap. 5.

25 Vgl. Heike Schmoll in der FAZ vom 1.8.2018: »Ein Unglück der Sprachgeschichte« (https://www.faz.net/aktuell/politik/die-neue-deutsche-rechtschreibung-ist-gescheitert-15717061.html).

26 Vgl. Josef Kraus in »Tichys Einblick« vom 13.8.2020: »Duden nähert sich der Orwellschen ›Neusprache‹ an« (https://www.tichyseinblick.de/kolumnen/josef-kraus-lernen-und-bildung/duden-naehert-sich-dem-orwellschen-newspeak-an/).

27 So war Kraus für die CDU bei der Landtagswahl 1995 in Hessen als Schattenkultusminister einer künftigen Regierung von Manfred Kanther aufgestellt (vgl. z. B. Mariam Lau

am 20.2.2010 in der »Welt«: https://www.welt.de/welt_print/politik/article6476139/Abschied-von-der-heiligen-Dreigliedrigkeit.html), und er ist Mitglied im Rotary-Club (vgl. Rotary-Magazin 10/2020, S. 29).

28 So in dem Blog-Beitrag von Thomas Paulwitz vom 6.9.2020 auf »reitschuster.de«: »Drückt die Regierung den Genderstern durch?« (https://www.reitschuster.de/post/drueckt-die-regierung-den-genderstern-durch/).

29 Einen Überblick über die verschiedenen Formen, die unter dem Titel »Sprachliche Gewalt« unterschieden werden können, bieten Klinker et al. (2018).

30 Über die Frühgeschichte des Begriffs in den USA informiert Günther Lampert, »*Political Correctness* und die sprachliche Konstruktion von Wirklichkeit: Eine Skizze«. In: Amerikastudien 40 (1995), S. 247–257.

31 Vgl. dazu z. B. Kahneman (2014). In diesem Buch werden diverse Experimente beschrieben, in denen durch sprachliche Reize Auswahlentscheidungen oder Handlungsweisen beeinflusst werden.

32 Vgl. Berliner Landesstelle für Gleichbehandlung – gegen Diskriminierung, Anlage 2 ohne Datum (10.9.2020): »Vielfalt zum Ausdruck bringen! Ein Leitfaden für Mitarbeitende der Berliner Verwaltung« vom https://www.berlin.de/sen/lads/schwerpunkte/diversity/landesprogramm-diversity/anlage-2_sv-landesprogramm_leitfaden_reinschrift_abgh.pdf.

33 Alle Zitate von S. 4 des Leitfadens.

34 Vgl. Felix Krautkrämer in »Junge Freiheit« am 10.9.2020: »Wenn der Ausländer zum ›Einwohner ohne deutsche Staatsbürgerschaft‹ wird« (https://jungefreiheit.de/debatte/kommentar/2020/auslander-einwohnende/).

35 Vgl. Hengameh Yaghoobifarah in der »taz« vom 15.6.2020: »All cops are berufsunfähig« (https://taz.de/Abschaffung-der-Polizei/!5689584/). Vgl. dazu auch die Darstellung von Saskia Hödl in der »taz« vom 21.6.2020: »Wer spricht? Wer schweigt?« (https://taz.de/taz-Debatte-ueber-Muell-Kolumne/!5690982/).

36 Vgl. »Die Presse« vom 8.7.2020: »FPÖ-Generalsekretär: Parteien orten ›Nazi-Sprache‹ und ›NS-Rhetorik‹« (https://www.diepresse.com/5836957/fpo-generalsekretar-parteien-orten-nazi-sprache-und-ns-rhetorik).

37 Vgl. z. B. Adrian Lobe in der FAZ vom 27.7.2017 (»Nachrichten im Kinderbuch-Stil«, https://www.faz.net/aktuell/feuilleton/medien/leichte-sprache-informiert-nicht-ausreichend-15123489.html?GEPC=s6) oder Dieter Schulz am 18.4.2015 in der Schweriner Volkszeitung (»Kein Witz: Das soll ›leichte‹ Sprache sein«, https://www.svz.de/ratgeber/kein-witz-das-soll-leichte-sprache-sein-id9485316.html).

38 Etwa Bettina Zurstrassen in einem Beitrag vom 26.11.2015 für die Bundeszentrale für politische Bildung:

»Inklusion durch Leichte Sprache: Eine kritische Einschätzung (https://www.bpb.de/lernen/projekte/inklusiv-politisch-bilden/216356/inklusion-durch-leichte-sprache-eine-kritische-einschaetzung?p=all).

39 Vgl. dazu Tracy et al. (2020).

40 Für die Diskussion einer Vielzahl von Aspekten dieses Themas vgl. die Studie von Münch et al. (2020).

41 Vgl. Henning Lobin im Blog »Die Engelbart-Galaxis« am 28.2.2019: »Das Framinggate der ARD« (https://scilogs.spektrum.de/engelbart-galaxis/das-framinggate-der-ard/).

42 Vgl. Otto Fricke in der FAZ vom 7.3.2019: »Regierungsframing bei Gesetzen? Besser nicht!« (https://www.faz.net/aktuell/politik/inland/gastbeitrag-zu-positiven-gesetzesnamen-16076659.html).

43 Vgl. dazu z. B. Lenz Jacobsen in »Die Zeit« vom 11.6.2020: »Die ›Rasse‹ soll verschwinden« (https://www.zeit.de/politik/deutschland/2020-06/grundgesetz-rasse-begriff-rassismus).

44 In diesem Buch wird im Folgenden zusammenfassend von »geschlechtergerechter Sprache« gesprochen.

45 Vgl. dazu auch Gabriele Diewald am 17.9.2018 im »Tagesspiegel«: »Mitgemeint, aber ausgeschlossen« (https://www.tagesspiegel.de/wissen/streit-um-das-generische-maskulinum-mitgemeint-aber-ausgeschlossen/23077686.html). Ihr Beitrag ist eine Reaktion auf Peter Eisenberg in der gleichen Zeitung vom 8.8.2018, wo er für die Existenz des generischen Maskulinums argumentiert (»Finger weg vom generischen Maskulinum!«, https://www.tagesspiegel.de/wissen/debatte-um-den-gender-stern-finger-weg-vom-generischen-maskulinum/22881808.html).

46 Vgl. die Zusammenfassung verschiedener Studien in Kotthoff/Nübling (2018: 99–122).

47 Vgl. Adler/Plewnia (2019).

48 Vgl. überblicksartig dazu Kotthoff/Nübling (2018: 61–89).

49 Vgl. den Beschluss des Bundesverfassungsgericht vom 10.10.2017 – 1 BvR 2019/16 – (https://www.bundesverfassungsgericht.de/SharedDocs/Entscheidungen/DE/2017/10/rs20171010_1bvr201916.html).

50 Vgl. das Urteil des Bundesgerichtshofs vom 13.3.2018 – VI ZR 143/17 – (http://juris.bundesgerichtshof.de/cgi-bin/rechtsprechung/document.py?Gericht=bgh&Art=en&nr=82652&pos=0&anz=1).

51 Vgl. die Argumente zusammenfassend etwa Heike Jahberg im »Tagesspiegel« vom 13.3.2018 (»Geschlechterkampf auf dem Formular«, https://www.tagesspiegel.de/wirtschaft/bgh-urteil-geschlechterkampf-auf-dem-formular/21056622.html) und Carolin Müller-Spitzer am 21.5.2018 im »Verfassungsblog« (»Kundin oder Kunde – Geschlechtergerechte Sprache revisited«, https://verfassungsblog.de/kundin-oder-kunde-geschlechtergerechte-sprache-revisited/).

52 Vgl. Webseite der Stadt Hannover: https://www.hannover.de/Leben-in-der-Region-Hannover/Verwaltungen-Kommunen/Die-Verwaltung-der-Landeshauptstadt-Hannover/Gleichstellungsbeauf%C2%ADtragte-der-Landeshauptstadt-Hannover/Aktuelles/Neue-Regelung-f%C3%BCr-geschlechtergerechte-Sprache.

53 Vgl. Webseite der Stadt Dortmund: https://www.dortmund.de/media/p/frauenbuero/downloads_frauenbuero/Leitfaden_fuer_gendersensible_Sprache.pdf?fbclid=IwAR0B6yWwHKxgm84-1RCWoqLTwQYPiEoZ8Eh_m5UFpIpVtoxCmfSRShUfVqY. Da Dortmund Sitz des Vereins Deutsche Sprache ist, führte dies im VDS zu besonders empörten Reaktionen.

54 Vgl. Webseite der Hansestadt Lübeck (https://luebeck.de/gender) und »Süddeutsche Zeitung« vom 3.1.2020 (»Empörung über Leitfaden zur geschlechtsneutralen Sprache«, https://www.sueddeutsche.de/politik/kommunen-dortmund-empoerung-ueber-leitfaden-zur-geschlechtsneutralen-sprache-dpa.urn-newsml-dpa-com-20090101-200103-99-338729).

55 Vgl. Britta Veltzke auf mdr.de am 14.7.2020: »Sachsen führt geschlechterneutrale Sprache in Gesetzen ein« (https://www.mdr.de/nachrichten/politik/regional/sachsen-gesetze-geschlechtsneutrale-sprache-100.html).

56 Vgl. Bundesministerium der Justiz und für Verbraucherschutz am 14.10.2020: »Gesetz zur Fortentwicklung des Sanierungs- und Insolvenzrechts« (https://www.bmjv.de/SharedDocs/Gesetzgebungsverfahren/DE/Fortentwicklung_Insolvenzrecht.html).

57 Vgl. tagesschau.de am 12.10.2020: »Streit über Gesetzestext in weiblicher Form« (https://www.tagesschau.de/inland/streit-gesetzestext-weibliche-form-101.html).

58 Vgl. Daniel Weiß in der »FAZ« vom 22.10.2020, S. 6: »Für die weibliche Form«.

59 Vgl. tagesschau.de am 12.10.2020: »Streit über Gesetzestext in weiblicher Form« (https://www.tagesschau.de/inland/streit-gesetzestext-weibliche-form-101.html).

60 Mit Bezug auf den hier erwähnten Gesetzentwurf sogar in der FAZ innerhalb weniger Tage: Anatol Stefanowitsch am 21.10.2020, S. N3 (»Wer redet von wem?«), Peter Eisenberg am 23.10.2020, S. 9 (»Das falsche Weibliche zieht uns hinan«), Rüdiger Harnisch am 28.10.2020, S. N3 (»Inklusiver Gegensatz«). Einen Überblick über historische Aspekte der Verwendung maskuliner Formen geben Diewald/Steinhauer (2020, S. 20–34). Kotthoff/Nübling (2018) diskutieren in Kap. 4 und 5 die verschiedenen Deutungen des Maskulinums als generisches Genus.

61 Vgl. Anna Katharina Mangold am 13.10.2020 auf Verfassungsblog.de: »Mitgemeint. Und täglich grüßt das Murmeltier« (https://verfassungsblog.de/mitgemeint/).

62 Ebd.

63 Vgl. »Handbuch der Rechtsförmlichkeit«, 3., neu bearbeitete Auflage 2008: http://www.hdr.bmj.de/vorwort.html.

64 Ebd., Randnummern 110 bis 123.

65 Vgl. Webseite des Rats für deutsche Rechtschreibung: https://www.rechtschreibrat.com/regeln-und-woerterverzeichnis/.

66 Vgl. Pressemitteilung der AfD vom 8.6.2018: »Jörg Meuthen: Vergewaltigung der deutschen Sprache verhindern!« (https://www.afd.de/joerg-meuthen-vergewaltigung-der-deutschen-sprache-verhindern/).

67 Vgl. »Verein Deutsche Sprache« am 6.3.2019: »Schluss mit dem Gender-Unfug! Der Aufruf und seine Erstunterzeichner« (https://vds-ev.de/gegenwartsdeutsch/gendersprache/gendersprache-unterschriften/schluss-mit-dem-gender-unfug/).

68 Vgl. »AG Gendersprache« im VDS: https://vds-ev.de/gegenwarts deutsch/gendersprache/gender sprache/#.

69 Zum Beispiel am 13.10.2020 in der Sendung »Tagesgespräch: Was halten Sie von gendergerechter Sprache« auf Bayern 2 (https://www.br.de/nachrichten/deutschland-welt/tagesgespraech-live-was-halten-sie-von-gendergerechter-sprache,SDHeUCm, ab Minute 21:30) oder im Beitrag »Nervig oder notwendig?« von Luisa Houben am 13.1.2020 bei »ZDFheute« (https://www.zdf.de/nachrichten/heute/gendersensible-sprache-in-der-verwaltung-von-luebeck-pro-contra-102.html).

70 Vgl. Sabine Mertens bei »Achse des Guten« am am 8.7.2020 (»Neue Eskalationsstufe des Neusprechs«, https://www.achgut.com/artikel/neue_eskalationsstufe_des_neusprechs) 25.8.2020 (»Die Quote ist ein Bastard«, https://www.achgut.com/artikel/die_quote_ist_ein_bastard).

71 Vgl. Sabine Mertens' Facebook-Seite unter https://www.facebook.com/profile.php?id=100006362057821.

72 Vgl. Webseite der Europäischen Kommission: »Strategie für die Gleichstellung der Geschlechter: Erfolge und Aktionsschwerpunkte« (https://ec.europa.eu/info/policies/justice-and-fundamental-rights/gender-equality/gender-equality-strategy_de).

73 Vgl. Webseite des deutschen Bundesministeriums für Familie, Senioren, Frauen und Jugend: »Strategie ›Gender Mainstreaming‹« (https://www.bmfsfj.de/bmfsfj/themen/gleichstellung/gleichstellung-und-teilhabe/strategie-gender-mainstreaming).

74 Vgl. Webseite des Österreichischen Bundeskanzleramts: »Gendermainstreaming und Gender Budgeting« (https://www.bundeskanzleramt.gv.at/agenda/frauen-und-gleichstellung/gender-mainstreaming-und-budgeting.html).

75 Vgl. Webseite des Eidgenössischen Büros für die Gleichstellung von Frau und Mann: »Gender-Mainstreaming

in der Bundesverwaltung« (https://www.ebg.admin.ch/dam/ebg/de/dokumente/gender_mainstreaming/leitfaden_gendermainstreaming.pdf.download.pdf/leitfaden_gendermainstreaming.pdf).

76 Vgl. Webseite https://stop-gendersprache-jetzt.de/.

77 Vgl. dazu die Beschreibung einiger Erstunterzeichnender im Beitrag von Stefan Lauer am 12.3.2019 auf »Belltower News«: https://www.belltower.news/verein-deutsche-sprache-mit-genderstern-in-den-weltuntergang-82301/.

78 Vgl. Online-Version des »Deutschen Wörterbuchs«: http://woerterbuchnetz.de/cgi-bin/WBNetz/wbgui_py?sigle=DWB&mode=Vernetzung&lemid=GG01991#XGG01991.

79 Vgl. Online-Version des »Deutschen Wörterbuchs«: http://woerterbuchnetz.de/cgi-bin/WBNetz/wbgui_py?sigle=DWB&mode=Vernetzung&lemid=GL05813#XGL05813.

80 Vgl. »Deutsches Textarchiv«: http://www.deutschestextarchiv.de/search/ddc/search?fmt=html&corpus=ready&ctx=&q=%22Lesern+und+Leserinnen%22&limit=10.

81 Vgl. «Deutsches Textarchiv«: http://www.deutschestextarchiv.de/search/ddc/search?fmt=html&corpus=ready&ctx=&q=Studirende&limit=10.

82 Vgl. dazu auch den Beitrag von Damaris Nübling beim Gender-Blog vom 14.10.2019: »Sprache // Sprachwandel und Geschlecht – Zu einigen Irrtümern in der Genderdebatte« (https://www.gender-blog.de/beitrag/sprachwandel-und-geschlecht/).

83 Vgl. Pressemitteilung des »Vereins Deutsche Sprache« ohne Datum: »Bundesbürger haben Nase voll von Gendersprache und -debatte« (https://vds-ev.de/pressemitteilungen/bundesbuerger-haben-nase-voll-von-gendersprache-und-debatte/).

84 Vgl. Adler/Plewnia (2019).

85 Vgl. Sibylle Lewitscharoff am 9.3.2019 in der »Welt«: »Das Regulierungstheater und seine böse Schlagseite« (https://www.welt.de/kultur/plus189999687/Sibylle-Lewitscharoff-ueber-Sprachpolizei-und-Gender-Unfug.html).

86 Vgl. Katja Lange-Müller am 13.3.2019 im »Tagesspiegel«: »Es heißt Sprache, nicht Schreibe!« (https://www.tagesspiegel.de/kultur/streit-um-gendersprache-es-heisst-sprache-nicht-schreibe/24092268.html).

87 Vgl. Jan Schloemann am 7.3.2019 in der »Süddeutschen Zeitung«: »Die Wanne ist voll« (https://www.sueddeutsche.de/kultur/verein-deutsche-sprache-gender-1.4358685).

88 Vgl. deutschlandfunk.de am 9.3.2019. »Sprache als Schlachtfeld« (https://www.deutschlandfunk.de/aufruf-gegen-das-gendern-sprache-als-schlachtfeld.691.de.html?dram:article_id=443174).

89 Vgl. »Cicero« am 12.3.2019: »Duell der Diskurs-Sheriffs« (https://www.cicero.de/kultur/sprache-gender-monika-maron-wolf-schneider).

90 Vgl. Thomas Schmid am 11.3.2019 auf welt.de: »Wenn die Wölfin mit der Schaf*in…« (https://schmid.welt.de/2019/03/11/wenn-die-woelfin-mit-der-schafin/).

91 Vgl. Josef Kraus am 10.3.2019 auf »Tichys Einblick«: »Schluss mit dem Gender-Unfug: Viel Anerkennung und schäumende Kritik« (https://www.tichyseinblick.de/daili-es-sentials/schluss-mit-dem-gender-unfug-viel-anerkennung-und-schaeumende-kritik/).

92 Vgl. Alexander Wendt auf »Achse des Guten« am 17.3.2019: »Undressierte Bürger« (https://www.achgut.com/artikel/undressierte_buerger).

93 Vgl. »heute journal« vom 7.5.2020 (https://www.zdf.de/nachrichten/heute-journal/heute-journal-vom-7-mai-2020-100.html) ab Min. 17:53.

94 Vgl. »heute journal« vom 10.5.2020 (https://www.zdf.de/nachrichten/heute-journal/heute-journal-vom-10-mai-2020-100.html) bei Min. 12:15.

95 Vgl. Geli Tangermann am 2.6.2020 in der »Welt«: »Die Aufregung über die Gender-Sprache ist undemokratisch« (https://www.welt.de/debatte/kommentare/article208784753/Gender-Debatte-Die-Aufregung-ueber-die-Gender-Sprache-ist-undemokratisch.html).

96 Vgl. welt.de am 19.8.2020: »Bald gibt es das Gendersternchen ausgesprochen im Radio« (https://www.welt.de/vermischtes/article213839326/Radio-Fritz-will-Gendersternchen-in-den-Nachrichten-sprechen.html).

97 Vgl. Beitrag von Matthias Schwarzer bei RND vom 25.9.2020: »›Lächerliche Sprachgebilde‹: Wie ein Statistikprofessor gegen die Gendersprache von ARD und ZDF kämpft« (https://www.rnd.de/medien/verein-protestiert-gegen-gendersprache-bei-ard-und-zdf-NOHYHUXS3BGFZA37CPETHELJ6Q.html).

98 Vgl. Liane Bednarz im »Spiegel« am 5.6.2020: »Wer hat Angst vor dem ›Genderwahn‹?« (https://www.spiegel.de/kultur/wer-hat-angst-vor-dem-genderwahn-kommentar-von-liane-bednarz-a-948ed8f6-fa1f-465c-9b07-86cfcf34ccb0).

99 Vgl. Maxi Beigang am 12.9.2020 in der »Berliner Zeitung«: »Deutschland muss zum Land der Dichter*innen und Denker*innen werden!« (https://www.berliner-zeitung.de/kultur-vergnuegen/nele-pollatschek-gendern-gendern-macht-die-diskriminierung-nur-noch-schlimmer-lasst-deutschland-zum-land-der-dichterinnen-und-denkerinnen-werden-geschlechtergerechte-sprache-li.104117).

100 Vgl. Luise Pusch am 23.9.2020 in »Cicero«: »Für eine gerechte Sprache« (https://www.cicero.de/kultur/sprache-geschlecht-gendern-gerechtigkeit-maenner-oeffentlich-rechtlicher-rundfunk-luise-pusch).

101 Diese Episode habe ich erstmals in sehr ähnlicher Form bereits 2016 in meinem Blog »Die Engelbart-Galaxis« geschildert, vgl. https://scilogs.spektrum.de/engelbart-galaxis/sprach-pegida-und-der-dhv/.

102 Vgl. »Sprachnachrichten« Nr. 70 (II/2016): https://vds-ev.de/SN/sn2016-02.pdf.

103 Vgl. deutschlandfunk.de am 23.8.2016: »Entwicklung zu Sprach-Pegida?« (https://www.deutschlandfunk.de/verein-deutsche-sprache-entwicklung-zur-sprach-pegida.691.de.html?dram:article_id=363888).

104 Vgl. t-online.de am 26.8.2016: »ZDF reagiert auf umstrittenen Schmähpreis« (https://www.t-online.de/unterhaltung/tv/id_78813228/zdf-erhaelt-umstrittenen-schmaehpreis-sprachpanscher-des-jahres-.html).

105 Vgl. Stefan Niggemeier am 1.8.2016 auf uebermedien.de: »Die Pegidahaftigkeit des Vereins Deutsche Sprache« (http://uebermedien.de/7099/die-pegidahaftigkeit-des-vereins-deutsche-sprache/). Vgl. dazu auch Stefan Niggemeier am 14.8.2016 auf uebermedien.de: »Wie ich einen ›Sprachpapst‹ zum Staatsfeind machte« (http://uebermedien.de/7349/wie-ich-einen-sprachpapst-zum-staatsfeind-machte/).

106 Vgl. Henning Lobin am 25.7.2016 im Blog »Die Engelbart-Galaxis«: »Sprach-Pegida und der Deutsche Hochschulverband« (https://scilogs.spektrum.de/engelbart-galaxis/sprach-pegida-und-der-dhv/).

107 Vgl. »Sprachnachrichten« Nr. 70 (II/2016): https://vds-ev.de/SN/sn2016-02.pdf.

108 Vgl. »Sprachnachrichten« Nr. 71 (III/2016), S. 2 und 14 (https://vds-ev.de/SN/sn2016-03.pdf).

109 § 2 der Vereinssatzung, vgl. https://vds-ev.de/verein/satzung/.

110 Zur Person und zur Gründung des VDS vgl. Keßler-Wirth (2010).

111 Vgl. Webseite des »Vereins Deutsche Sprache«: https://vds-ev.de/.

112 Vgl. Till-Reimer Stoldt in der »Welt« vom 4.5.2020: »›Verbalen Teppich aus Anglizismen und Pseudoanglizismen ausgerollt‹« (https://www.welt.de/politik/deutschland/article207715081/Coronavirus-Kritik-an-ARD-und-ZDF-wegen-Pseudoanglizismen.html).

113 Vgl. Göttert (2013, S. 101–118). Zur wissenschaftlichen Deutung von Fremdwörtern überhaupt vgl. Eisenberg (2013) und (2018).

114 Vgl. die Selbstbeschreibung des »Vereins Deutsche Sprache« unter https://vds-ev.de/verein/.

115 Vgl. »Regionalverbände Europa – Schweiz«: https://vds-ev.de/verein/regionalvertretungen/rv-europa/#schwei.

116 Vgl. dazu den Artikel von Anne Fromm vom 15.9.2020 auf Übermedien (»Kritiker versuchen, Rundfunkräte gegen Gender ›Knacklaut‹ zu mobilisieren«, https://uebermedien.de/52845/kritiker-versuchen-rundfunkraete-gegen-gender-knacklaut-zu-mobilisieren/). Auch eine Dokumentation des Briefs und einiger Antworten findet sich dort: https://uebermedien.de/dokumentation-der-missbraeuchliche-knacklaut-und-die-gendergerechte-sprache-im-zdf-und-im-wdr/.

117 Vgl. Walter Krämer in »Cicero« vom 21.9.2020: »Weg mit dem Gender-Unfug« (https://www.cicero.de/kultur/gendergerechte-sprache-gendern-argumente-genderstern-sprachwissenschaft).

118 Vgl. Walter Krämer im »PT-Magazin« am 4.9.2020: »Dringend gesucht: Medizin gegen Genderpest« (https://www.pt-magazin.de/de/gesellschaft/aufgespiesst/dringend-gesucht-medizin-gegen-genderpest_jzuyog9u.html).

119 Vgl. Interview mit »RT Deutsch« vom 1.10.2020: »Professor Walter Krämer: Genderdeutsch macht den Kampf der Frauen für mehr Anerkennung lächerlich« (https://deutsch.rt.com/gesellschaft/107283-professor-walter-kramer-genderdeutsch-macht/).

120 Vgl. Gespräch in »Junge Freiheit« Nr. 49/18 vom 30.11.2018, S. 3: »›Reflexartig, wie Pawlowsche Hunde‹« (https://www.statistik.tu-dortmund.de/fileadmin/user_upload/SFB_823/Kraemer/Kraemer/Interviews/Junge_Freiheit_30_11_18.pdf).

121 Vgl. Walter Krämer in »Cicero« vom 21.9.2020: »Weg mit dem Gender-Unfug« (https://www.cicero.de/kultur/gendergerechte-sprache-gendern-argumente-genderstern-sprachwissenschaft).

122 Interview mit »RT Deutsch« ebd.

123 Vgl. https://www.pt-magazin.de/de/gesellschaft/aufgespiesst/dringend-gesucht-medizin-gegen-genderpest_jzuyog9u.html (s. o.).

124 Ebd.

125 Vgl. die Darstellung des »Elbschwanenordens« auf der Webseite des VDS: https://vds-ev.de/service-view/elbschwanenorden/.

126 Vgl. Gerrit Bartels im »Tagesspiegel« vom 24.11.2020: »Kirsten Boie lehnt Sprachpreis des VDS ab« (https://www.tagesspiegel.de/kultur/gegen-den-rechtsruck-kirsten-boie-lehnt-sprachpreis-des-vds-ab/26654902.html).

127 Vgl. Peter Burghardt in der »Süddeutschen Zeitung« vom 25.11.2020: »Kein Preis von der falschen Seite« (https://www.sueddeutsche.de/kultur/boie-verein-sprachschuetzer-rechtspopulismus-1.5127243).

128 Vgl. den VDS-Infobrief vom 27.11.2020: https://vds-ev.de/infobriefe2020/infobrief-vom-27-november-2020-elbschwanenorden-2020-ein-ueberblick/.

129 Vgl. Deutschlandfunk am 25.11.2020: »Wir sind in einem freien Land – da muss man keine Preise annehmen« (https://www.deutschlandfunkkultur.de/walter-kraemer-ueber-kirsten-boies-kritik-wir-sind-in-einem.1008.de.html?dram:article_id=488146).

130 Vgl. ebd. den VDS-Infobrief vom 27.11.2020.

131 Vgl. Pressemitteilung des »Vereins Deutsche Sprache«: »Medien dürfen Lebenswirklichkeit ihrer Zuschauer nicht missachten« (https://vds-ev.de/pressemitteilungen/medien-duerfen-lebenswirklichkeit-ihrer-zuschauer-nicht-missachten/).

132 Vgl. Pressemitteilung des »Vereins Deutsche Sprache«: »Rechtschreibung darf nicht aus-

gehöhlt werden« (https://vds-ev.de/pressemitteilungen/rechtschreibung-darf-nicht-ausgehoehlt-werden/).

133 Vgl. Pressemitteilung des »Vereins Deutsche Sprache«: »VDS sieht neue Duden-Ausgabe kritisch« (https://vds-ev.de/mitteilungen/vds-sieht-neue-duden-ausgabe-kritisch/).

134 Vgl. Pressemitteilung des »Vereins Deutsche Sprache«: »Deutsche Welle ohne Deutsch« (https://vds-ev.de/pressemitteilungen/deutsche-welle-ohne-deutsch/).

135 Vgl. Pressemitteilung des »Vereins Deutsche Sprache«: »VDS bietet Stadtbediensteten Prozesskostenhilfe an« (https://vds-ev.de/pressemitteilungen/vds-bietet-stadtbediensteten-prozesskostenhilfe-an/).

136 Vgl. Pressemitteilung des »Vereins Deutsche Sprache«: »Bundesbürger haben Nase voll von Gendersprache und -debatte« (https://vds-ev.de/pressemitteilungen/bundesbuerger-haben-nase-voll-von-gendersprache-und-debatte/).

137 Vgl. Beiträge von Walter Krämer auf »Achse des Guten« (https://www.achgut.com/autor/kraemer).

138 Vgl. Helmut Glück (2019): *Josef Kraus. »Mir wird von alle dem so dumm, Als ging mir ein Mühlrad im Kopf herum.* Jahrbuch der Henning-Kaufmann-Stiftung 2018. Paderborn: IFB Verlag Deutsche Sprache. Memento der Henning-Kaufmann-Stiftung auf Archive.org: https://web.archive.org/web/20190609232455/http://www.henning-kaufmann-stiftung.de:80/stiftung/index.html.

139 Vgl. zeit.de am 29.9.2020: »Gründungsvorsitzender will aus AfD austreten« (https://www.zeit.de/politik/deutschland/2020-09/konrad-adam-afd-parteiaustritt).

140 Vgl. Memento zum »Deutschen Sprachpreis« der »Henning-Kaufmann-Stiftung« auf Archive.org: https://web.archive.org/web/20190530062024/http://www.henning-kaufmann-stiftung.de:80/deutscher_sprachpreis/index.html.

141 Vgl. »Kulturpreis Deutsche Sprache« auf uni-bamberg.de (https://www.uni-bamberg.de/germ-lingdaf/personen/ehemalige/prof-dr-helmut-glueck/kulturpreis-deutsche-sprache/).

142 Die Ausgaben der »Sprachnachrichten« sind verfügbar unter https://vds-ev.de/portfolio-archive/sprachnachrichten/.

143 Vgl. Stukenbrock (2005).

144 Vgl. die Webseite des »Anglizismus des Jahres«: http://www.anglizismusdesjahres.de/.

145 Der »Sprachlog« war von 2010–2012 unter https://scilogs.spektrum.de/sprachlog/ zugreifbar, seitdem unter http://www.sprachlog.de/.

146 Für die »Gesellschaft für deutsche Sprache« vgl. vom 13.8.2020 die Pressemitteilung »GfdS: Gendersternchen und Co. mit deutscher Rechtschreibung nicht konform« unter https://gfds.de/pressemitteilung-gendersternchen/, in der auch auf die ablehnende Bewertung des Gen-

dersterns verwiesen wird (https://gfds.de/gendersternchen/) und »Leitlinien der GfdS zu den Möglichkeiten des Genderings« (https://gfds.de/standpunkt-der-gfds-zu-einer-geschlechtergerechten-sprache/). Für die Deutsche Akademie für Sprache und Dichtung vgl. die Stellungnahme vom Juli 2019 (»Drei Fragen zu ›gendergerechter Sprache‹«, https://www.deutscheakademie.de/de/aktivitaeten/projekte/sprachkritik/2019-07-26/drei-fragen-zu-gendergerechter-sprache).

147 Vgl. otto.de vom 12.9.2019: »›Die Sternchen* nerven‹: So bedeutend ist gendergerechte Sprache« (https://www.otto.de/newsroom/de/kultur/gendergerechte-sprache).

148 Vgl. z. B. die Pressemitteilung von Adidas vom 1.4.2020: »Adidas sagt Entschuldigung« (https://www.adidas-group.com/de/medien/newsarchiv/pressemitteilungen/2020/adidas-sagt-entschuldigung/).

149 Vgl. das Gespräch mit dem Gründer der Agentur Fairlanguage, Michael Martens, im Blog »Text und Position« von Nicola Karnick: »›Die Sensibilität für faire Sprache steigt‹« (https://textundposition.de/die-sensibilitaet-fuer-faire-sprache-steigt).

150 Vgl. epd am 23.6.2020: »EKD will künftig in geschlechtergerechter Sprache kommunizieren« (https://www.evangelisch.de/inhalte/171715/23-06-2020/ekd-will-kuenftig-geschlechtergerechter-sprache-kommunizieren).

151 Vgl. »Die SPIEGEL-Standards« vom Januar 2020: https://cdn.prod.www.spiegel.de/media/57cc39f7-8c5c-4b2f-8758-eb99b21b4259/Spiegel_Standards_2020.pdf.

152 Vgl. die Webseite »Leitfaden zum geschlechtergerechten Formulieren« der Schweizerischen Bundeskanzlei: https://www.bk.admin.ch/bk/de/home/dokumentation/sprachen/hilfsmittel-textredaktion/leitfaden-zum-geschlechtergerechten-formulieren.html.

153 Vgl. die Übersicht zu Genderprofessuren im Portal »Datensammlung Geschlechterforschung«: https://www.mvbz.org/genderprofessuren.

154 Vgl. das Gespräch des »Spiegel« mit Lann Hornscheidt vom 24.4.2014: »Professix im Geschlechterkampf« (https://www.spiegel.de/lebenundlernen/uni/gendertheorie-studierx-lann-hornscheidt-ueber-gerechte-sprache-a-965843.html).

155 Vgl. dazu exemplarisch den Artikel »Die Franzosen nehmen ihre Sprache ernst« von Josef Kraus in den Sprachnachrichten Nr. 77, 1/2018, S. 5 (https://vds-ev.de/SN/sn2018-01.pdf).

156 Vgl. Göttert (213, S. 81–85).

157 Vgl. dazu Marten (2016).

158 Vgl. Göttert (2013, S. 84 f.).

159 Vgl. die Pressemitteilung der AfD-Fraktion im rheinland-pfälzischen Landtag vom 12.9.2019: »Martin Louis Schmidt (AfD) zum Tag der deutschen Sprache: Gender-Unfug stoppen!« (https://www.afd-rlp-fraktion.de/abgeordnete/martin-louis-schmidt-afd-zum-tag-

der-deutschen-sprache-gender-unfug-stoppen/).

160 Vgl. die Pressemitteilung des AfD-Landesverbandes NRW ohne Datum: »AfD NRW schließt sich Protest gegen Gendersprache an« (https://afd.nrw/aktuelles/2019/03/afd-nrw-schliesst-sich-protest-gegen-gendersprache-an/).

161 Vgl. die Pressemitteilung der AfD-Fraktion im Bezirkstag Oberbayern vom 12.3.2019: »Gender-Sprech stoppen und deutsche Sprache erhalten« (https://www.afd-bezirkstag-obb.de/gender-sprech-stoppen-und-deutsche-sprache-erhalten/).

162 Vgl. Pressemitteilung des AfD-Bundesverbands vom 12.3.2019: »Alice Weidel: Die sogenannte ›gendergerechte‹ Sprache ist ein Orwell-Projekt« (https://www.afd.de/alice-weidel-die-sogenannte-gendergerechte-sprache-ist-ein-orwell-projekt/).

163 Vgl. Drucksache 17/5358 des Landtags von Nordrhein-Westfalen vom 12.3.2019: https://www.landtag.nrw.de/portal/WWW/dokumentenarchiv/Dokument/MMD17-5358.pdf.

164 Vgl. die Dokumentation »AfD will Deutsch als Landessprache gesetzlich festschreiben« beim Deutschen Bundestag unter https://www.bundestag.de/dokumente/textarchiv/2018/kw09-de-deutsch-landessprache-544508.

165 Vgl. die Angaben zur Biografie von Stephan Brandner auf den Webseiten des Deutschen Bundestags unter https://www.bundestag.de/abgeordnete/biografien/B/518604-518604.

166 Vgl. das Protokoll der Sitzung vom 2.3.2018, S. 1522ff.: https://dipbt.bundestag.de/dip21/btp/19/19018.pdf#P.1522.

167 Die Mitgliedschaft der genannten Personen lässt sich aus der Mementos der Webseiten der »Stiftung Deutsche Sprache« (http://stiftung-deutsche-sprache.de/) im Internet Archive rekonstruieren. Der älteste Beleg, in dem alle Genannten gemeinsam vorkommen, datiert vom 11.10.2006 (https://web.archive.org/web/20061011044508/http://www.stiftung-deutsche-sprache.de:80/personalia.php), der jüngste vom 13.7.2018 (https://web.archive.org/web/20180713005513/http://stiftung-deutsche-sprache.de/personalia.php).

168 Vgl. die Webseite der »Stiftung Deutsche Sprache« unter https://www.stiftung-deutsche-sprache.de/.

169 Vgl. das Memento der Seite vom 11.10.2006 im Internet Archiv: https://web.archive.org/web/20061011044508/http://www.stiftung-deutsche-sprache.de:80/personalia.php.

170 Vgl. Drucksache 19/3348 des Deutschen Bundestags vom 9.7.2018: http://dipbt.bundestag.de/dip21/btd/19/033/1903348.pdf.

171 Vgl. Katrin Janker in der »Süddeutschen Zeitung« vom 21.2.2016: »Der Wutdenker der AfD« (https://www.sueddeutsche.de/politik/afd-der-wutdenker-1.2873395).

172 Vgl. die Pressemitteilung vom 23.1.2018 auf der Webseite von Marc Jongen: »AfD-Fraktion erhält Vorsitz in 3 Ausschüssen!« (https://marcjongen.de/afd-fraktion-erhaelt-vorsitz-in-3-ausschuessen/).

173 Vgl. Drucksache 19/3907 des Deutschen Bundestags vom 21.8.2018: https://dipbt.bundestag.de/dip21/btd/19/039/1903907.pdf.

174 Vgl. Drucksache 19/16053 des Deutschen Bundestags vom 18.12.2019: http://dip21.bundestag.de/dip21/btd/19/160/1916053.pdf.

175 Vgl. das Wortprotokoll der Sitzung des Landtags von Mecklenburg-Vorpommern (Plenarprotokoll 7/47) vom 25.10.2020: https://www.landtag-mv.de/fileadmin/media/Dokumente/Parlamentsdokumente/Plenarprotokolle/7_Wahlperiode/PlPr07-0047.pdf. Die erste zitierte Stelle findet sich auf Seite 30, die zweite auf Seite 34.

176 Vgl. das Wortprotokoll der Landtagssitzung (Plenarprotokoll 7/49) vom 21.11.2018: https://www.landtag-mv.de/fileadmin/media/Dokumente/Parlamentsdokumente/Plenarprotokolle/7_Wahlperiode/PlPr07-0049.pdf.

177 Vgl. das Urteil des Landesverfassungsgerichts Mecklenburg-Vorpommern vom 19.12.2019 – LverfG 1/19 –: https://www.mv-justiz.de/static/MVJ/Gerichte/Landesverfassungs gericht/Entscheidungen/2019/1%20-%2019%20Urteil%2019.12.2019.pdf.

178 So z. B. in der »taz« vom 20.12.2019: »Kontext ist alles« (https://taz.de/Urteil-zum-N-Wort-in-Landtagsdebatte/!5651968/).

179 Vgl. dazu auch den Beitrag auf dem »Verfassungsblog« vom 23.12.2019 von Anna Katharina Mangold und Sinthiou Buszewski: »Worüber man nichts sagen kann, darüber soll man schweigen« (https://verfassungsblog.de/worueber-man-nichts-sagen-kann-darueber-soll-man-schweigen/).

180 Vgl. die Pressemitteilung der AfD-Fraktion im Landtag von Baden-Württemberg: »Bernd Gögel MdL: neuer Duden ist keine Schreib-, sondern Ideologiehilfe« (https://afd-fraktion-bw.de/aktuelles/3379/Bernd+G%C3%B6gel+MdL%3A+neuer+Duden+ist+keine+Schreib-%2C+sondern+Ideologiehilfe).

181 Vgl. das Grundsatzprogramm der AfD unter https://cdn.afd.tools/wp-content/uploads/sites/111/2018/01/Programm_AfD_Druck_Online_190118.pdf. Die im Folgenden genannten Seitenzahlen beziehen sich auf diese PDF-Version des AfD-Grundsatzprogramms im DIN-A4-Hochformat. Andere Versionen, die unter https://www.afd.de/grundsatzprogramm/ zu finden sind, weisen andere Paginierungen auf.

182 Vgl. das Parteiprogramm der NPD unter https://medien.npd.de/dokumente/parteiprogramm.pdf.

183 Vgl. das Parteiprogramm der FPÖ unter https://www.fpoe.at/fileadmin/user_upload/www.fpoe.at/dokumente/2015/2011_graz_parteiprogramm_web.pdf.

184 Vgl. die Pressemitteilung des »Vereins Deutsche Sprache« vom 12.3.2018: »VDS bedauert Ablehnung des AfD-Antrags auf Festschreibung der deutschen Sprache im Grundgesetz« (https://vds-ev.de/pressemitteilungen/vds-bedauert-ablehnung-des-afd-antrags-auf-festschreibung-der-deutschen-sprache-im-grundgesetz/).

185 Vgl. die Übersicht über die Arbeitsgruppen auf den Webseiten des »Vereins Deutsche Sprache«: https://vds-ev.de/arbeitsgruppen/.

186 Vgl. die Webseite der AG »CDU/CSU für gutes Deutsch«: https://vds-ev.de/deutsch-in-der-politik/cdu-fuer-klares-deutsch/cdu-fuer-klares-deutsch/.

187 Vgl. »Spiegel« vom 16.1.1984: »Heidewitzka« (https://www.spiegel.de/spiegel/print/d-13509172.html).

188 Vgl. die Webseite der AG »SPD für gutes Deutsch«: https://vds-ev.de/deutsch-in-der-politik/spd-fuer-gutes-deutsch/ag-spd-fuer-gutes-deutsch/.

189 Vgl. die Webseite der AG »FDP für klares Deutsch«: https://vds-ev.de/deutsch-in-der-politik/fdp-fuer-klares-deutsch/fdp-fuer-klares-deutsch/.

190 Vgl. die Webseite der AG »Linke für gutes Deutsch«: https://vds-ev.de/deutsch-in-der-politik/linke-fuer-gutes-deutsch/linke-fuer-gutes-deutsch/.

191 Vgl. Dieter Balle in »Neues Deutschland« vom 30.7.2003: »Bürgermeister Walker beleidigte Asylbewerber aus Afrika« (https://www.neues-deutschland.de/artikel/39160.buergermeister-walker-beleidigte-asylbewerber-aus-afrika.html).

192 Vgl. »Focus« (mit falschem Datum): »Man spricht Deutsch« (https://www.focus.de/politik/deutschland/rastatt_aid_50861.html).

193 Vgl. »ka-news.de« vom 20.10.2007: »Rastatt verurteilt« (https://www.ka-news.de/region/karlsruhe/Rastatt-verurteilt;art6066,62781).

194 Vgl. die Webseite der AG »AfD für gutes Deutsch«: https://vds-ev.de/deutsch-in-der-politik/afd-fuer-gutes-deutsch-und-sprachenvielfalt/afd-fuer-gutes-deutsch-und-sprachenvielfalt/.

195 Vgl. Pfeiffer (2000, S. 186).

196 Vgl. Arbeitskreis für Völker, Kulturen und Regionalismen in der AfD: »Sprache ist das Band einer gemeinsamen Kultur« (https://afdweserbergland.files.wordpress.com/2015/09/2015-09-12-positionspapier-deutsche-sprache.pdf).

197 Vgl. die Webseite der AG »Bündnis 90/Die Grünen für gutes Deutsch«: https://vds-ev.de/deutsch-in-der-politik/buendnis-90die-gruenen-fuer-klares-deutsch/buendnis-90die-gruenen-fuer-klares-deutsch/.

198 Vgl. Selbstbeschreibung von Rolf Stolz auf seiner Webseite: http://www.rolf-stolz.de/.

199 Vgl. Lisa Schnell am 23.6.2014 in der taz: »Herr Stolz macht wieder Ärger« (https://taz.de/Rechter-bei-den-Gruenen/!5039342/).

200 Vgl. http://www.rolf-stolz.de/kontaktieren-sie-mich/, vgl. auch Peter Nowak in »Neues Deutschland« vom 14.4.2019: »Frühere Linke weit rechts angekommen« (https://www.neues-deutschland.de/artikel/1116768.mit-rechten-reden-fruehere-linke-weit-rechts-angekommen.html).

201 Alle Zitate aus einem Leserbrief von Thomas Wilhelms in der »Frankfurter Allgemeinen Zeitung« vom 21.11.2020, S. 22.

202 Vgl. Drucksache 19/951 des Deutschen Bundestags vom 27.2.2018: https://dip21.bundestag.de/dip21/btd/19/009/1900951.pdf.

203 Vgl. das Grundsatzprogramm der AfD unter https://www.afd.de/wp-content/uploads/sites/111/2018/01/Programm_AfD_Druck_Online_190118.pdf.

204 Vgl. Johannes Heinrich (31.3.2011): »Es geht um kulturelle Identität – über Anglizismenbekämpfung hinaus« (https://www.johannesheinrichs.de/media/155/cms_4d94d868c0b39.pdf).

205 Vgl. Anton Baron auf twitter.de: https://twitter.com/AntonBaronAfD/status/1293490994592325633.

206 Göttert (2019, S. 69).

207 Ebd. S. 14.

208 Zitiert nach ebd. S. 308.

209 Zitiert nach ebd. S. 311.

210 Zitiert nach ebd. S. 315.

211 Vgl. zu diesem Gedanken ausführlicher Justus Bender in der Frankfurter Allgemeinen Sonntagszeitung vom 2.8.2020, S. 31.

212 Vgl. Fukuyama (2019).

213 Vgl. Stukenbrock (2005).

214 Die Beschreibung von Sprache als Gewässer in einem Feuchtbiotop wurde in modifizierter Form aus Lobin (2018: S. 152 f.) übernommen.

215 Vgl. dazu die Zusammenstellung der Arbeitsgrundlagen des Rats für deutsche Rechtschreibung unter https://www.rechtschreibrat.com/der-rat/arbeitsgrundlagen/.

216 Vgl. Rat für deutsche Rechtschreibung: https://www.rechtschreibrat.com/regeln-und-woerterverzeichnis/.

217 Zu diesem Gedanken vgl. auch Baer (2011).

218 Zu diesen Bemerkungen zur Lingua franca und zum Status des Lateinischen vgl. Leonhardt (2011).

219 So wie es Helmut Glück in der FAZ vom 24.7.2020 versucht (»Der neue Umbenennungsfuror«), vgl. https://www.faz.net/aktuell/karriere-hochschule/umbenennung-neue-debatte-um-den-begriff-mohr-16872089.html (kostenpflichtiger Inhalt).

220 Vgl. die Webseite der »Initiative Schwarze Menschen in Deutschland Bund e. V.«: http://isdonline.de/. Der Deutschlandfunk Kultur hat für weitere Gruppen eine Vielzahl von Stellungnahmen zusammengetragen, mit denen man sich ein Bild über die Wirkung von Bezeichnungen machen kann (https://www.deutschlandfunkkultur.de/wortewandel-sprache-ohne-rassismus.4226.de.html).

221 Vgl. Ammon (2018, S. 159–179). Die Zahl von 100 Mio. DaF-Lernenden ist ungefähr der Mittelwert der Schätzungen Ammons.

222 Dies betrifft die Beiträge »Sprachpegida und der Deutsche Hochschulverband« vom 25.7.2016, »Die Ablehnung von ›Gendersprache‹ – medial produziert« vom 8.4.2019, »Die Sprachpolitik der AfD« vom 13.1.2020, »Der Sprachverein ist die SA unserer Muttersprache« vom 16.2.2020 und »Der Duden im Kreuzfeuer identitärer Sprachpolitik« vom 24.8.2020, vgl. https://scilogs.spektrum.de/engelbart-galaxis/.

PERSONENVERZEICHNIS

D C B A
Bibliographisches Institut GmbH, Mecklenburgische Straße 53, 14197 Berlin

Redaktion Dr. Kathrin Kunkel-Razum
Herstellung Alfred Trinnes
Satz L101 Mediengestaltung, Fürstenwalde
Umschlaggestaltung sauerhöfer design, Neustadt
Druck und Bindung CPI books GmbH, Birkstraße 10, 25917 Leck
Printed in Germany

ISBN 978-3-411-74004-8
Auch als E-Book erhältlich unter: ISBN 978-3-411-91385-5
www.duden.de